悪い因縁を切る幸せの素

天道シリーズ〈3〉

高山京三
Keizo Takayama

たま出版

『幸せの素』・・・・・・序文に代えて

☆　お便り

覚えて下さっていますでしょうか、五年程前にご相談に伺って、そして『得道』を授かりました。

会報は毎月いただいていますが、その後一度もお伺いもせず失礼いたしております。会報は必ず読むように努め、無にはしていませんが、理解しがたいところは時にあります。しかし不思議なことに『得道』以後、先生が言われたように時機を待つことによって、仲々進まなかった悩みや物事が自然と解消されて、僅かながらも好転しています。

それにもまして日々の生活に安心があります。

先日も、もう一歩のところで大きな事故に遭遇するところでしたが、命拾いをしました。先生の鑑定では事故死注意とのことでしたから、安堵致しました。『得道』する以前と、『得道』以後との人生が目に見えて違うので、自分自身驚いています。性格も和らぎ、物の見方も相手に対する心遣いも変わったように思えます。

ただ一度の『得道』で、修行も学習もしていないのに何故こうも人生が変わるのか、不思議でなりません。実はそこのところが知りたいのです。

道標

人生は生死の繰り返しに過ぎない

精神世界に関しての学問、つまり精神哲学の教えは哲の字に見られるように、口の上に折れるいう字が乗っかっています。

哲の字の口を法の輪、宇宙として見れば、その口の上に折れるのですから、哲学を以っては宇宙の外、精神世界は覗くことができないということになります。

精神、神経つまり『心は神』であるといわれるところからみても、精神世界は神の世界であるからです。

哲学はあくまでもこの世、現実に於ての学問であって、まことの真理は解明ができないという意味が、哲の字には示唆されているのです。ですから、宗教哲学、人生哲学では人は神であるというその領域、つまり人生の解明は不可能である訳です。

宗教者、或は哲学者自身が人々の生活を指導して、人心の和合と平和、平穏を日々声を枯らして叫んでいますが、果たして彼らは悟った人生を送っているでしょうか、裏を見れば名利恩愛に溺れ、老体にむち打って、つとめに励む姿は、人には尊く思えても、それはあくまでも空念仏と同じです。

一人ひとりの人生は、自ら変えようとしても変えることができない因果が果せられており、否応なく軌道を外すことなく、人生という「途」に於て現実化していくのです。如何に優れた才能を有していようが、他よりも体力が勝れていようが、持って生まれた生年月日時に、一旦示された掟《おきて》は破ることはできません。できるのは凶を吉へ、禍《わざわい》を転じて福へ、悲しみを喜びへ、苦しみを楽へ、と切り替える己《おの》れ自身の信念と気持ちの持ちようだけです。それも一瞬一時ではなく長きに渡らなければなりません。

アッ喜び！　アッ幸せ！　アッステキ！　といったふうに……つかの間の喜びや幸せを求めてそれで満足しているのは愚かな人です。自分の人生を振り返りみれば、いつも一喜《いっき》一憂《いちゆう》して今日まで暮らしてきたと思いませんか。

常に綱渡《つなわた》り、まかり間違えば、きっと違う人生となっていたかもしれません。例えばIT産業の寵児《ちょうじ》と持て囃《はや》された堀江氏の場合、推命学上でいえば、誰もが欲《ほっ》し、羨望《せんぼう》するところの命式《めいしき》（生年月日）に誕生しています。

それは「財《ざい》・官《かん》・印全美格《いんぜんびかく》」と称して、人生に於ては第一級の命式とされます。

人生上最も望むところの吉星三《きちせいさん》位《い》全《すべ》てを揃《そろ》えて持っています。

財星《ざいせい》は財運《ざいうん》つまり富《とみ》を指します。

正官《せいかん》は名誉《めいよ》、信用《しんよう》、地位《ちい》、職業《しょくぎょう》の象徴《しょうちょう》です。

印綬《いんじゅ》は勲章《くんしょう》、つまり名声《めいせい》を博《はく》する星です。会社に於ては重役、或は要職《ようしょく》に就きます。


官界《かんかい》に進めば高位《こうい》・高官《こうかん》に累進《るいしん》します。


堀江氏のように正官《せいかん》を元命《げんめい》（生年月日の中心）に持ち、財星《ざいせい》を見れば「財官双美格《ざいかんそうびかく》」と称して、財界に身を投《とう》ずれば、財と地位二つとも得られる富裕の命とされます。

さらに堀江氏は正官元命《せいかんげんめい》で印綬《いんじゅ》がありますから、立身栄達《りっしんえいたつ》の命《めい》でもあります。

以上のように、人々の羨望《せんぼう》を抱《いだ》く星《ほし》を完璧に具《そな》えながら、突如空中分解したその落とし穴は、「正道正業《せいどうせいぎょう》でないと運を破り、資産は漸次減少《ぜんじしょうめつ》する」という一項目が守れなかった点にあります。「正道正業」で以て努力を重ね、身代《しんだい》を築きあげて、若い方々の見本になって戴きたかったのですが、誠に惜しい気が致します。惜《お》の字の忄《リッシンベン》を金《かねへん》に変えてしまった結果です。

つまり錯誤《さくご》、錯覚《さっかく》といったところでしょうか。誰も運が順調に運ばれて周囲の期待が一身に集まり、有頂天《うちょうてん》にさせられると、気持ちが緩《ゆる》みます。このような時こそ用心しないと、その時が人生暗転《あんてん》の時で、他人の甘言にまんまと誘い込まれた揚げ句、翻弄《ほんろう》させられて一生を台なしにしてしまいます。

人生は生きなくてはいけないものですが、競争したり、争ったり、奪い合ったりするものではありません。勝っても負けても人生は人生、次から次へと問題が生じてきて片時も気持ちを休ませてはくれません。生死の繰り返しに過ぎないからです。私達が百回、千回と繰り返してきた四生六道という過去世での出来事が、今一人ひとりの人生に負いかぶさって人生を苦しめています（四生とは動物類、魚類、鳥類、蟲類などに生まれること）。

この先果たして何百回、何千回と四生六道輪廻の地獄道を繰り返せば、安心立命を得て幸せな世界に辿り着くことができるのでしょうか（このところをしっかりと考えることが大切です。世の知識人も宗教家も哲学者もその答えはなく皆目無知なのです）。

天地自然の教え　その一

神からの素味《そみ》

性格を変えようとしても変えることができないように、人生を変えることができないということは暗黙《あんもく》の了解《りょうかい》、誰もが知っていることです。ですから、豊かな生活をしている人を見れば羨《うらや》ましいという思いは抱いても、奪《うば》ってまでとは考えません。当然その人は、この世に於てはそうなるものとして見ています。憧《あこが》れてもどうにもならない因縁因果なるものが自分自身にあるのですから、残念がっても仕方がないことです。

だからといって人間は来世に向かってその栄耀栄華《えいようえいが》を究《きわ》める為の算段《さんだん》を始めようとはしません。今を生きる以外に術《すべ》がないからです。生まれてきた以上は、生まれてきた結果の掟《おきて》に従って生老病死、人生を過ごし、そして次の人生への旅立ちを待つだけです。

大方の人は以上のような人生に何ら疑問を抱くことなく、気持ちだけの満足を求めて生きています。正常な精神の持ち主はそこに疑問を抱き、苦悶《くもん》して止みません。今の人生に不満がある訳でもなく、怠ける訳でもなく、何か人生がもの悲しいのです。

いろいろと精神世界の本を読みあさったり、その道の人、霊能者に学んだりしても、その疑問は解き明かしてはくれません。精神世界を語っているといわれるいずれの本にも語られていることは妄想空想《もうそうくうそう》、神通力霊能力《じんつうりきれいのうりょく》といった類《たぐい》で、真実の実《み》に過ぎないからです。それらは欺瞞《ぎまん》であって偽《いつわ》りです。この世の中のことに幾ら精通していても、人間はまことの精神世界に入ることは許させません。実は実《みの》れば地上に落下していくように、とどのつまりは土の下、四生六道への地獄道でしかあり得ないのです。

理の字から「一」を取れば埋もれるという字に変貌するが如く、まことの精神世界の理天極楽は「一」という数字で示されます。陽の数は「九」、陰の数は「六」で以て象徴されますが、陰数六には陽数九は入りませんから、陽数九の中に陰数六を入れれば陽数の枠は「三」、つまり一時的に楽の境地（気天界）に昇れるのは、現存する霊の三割でしかあり得ないことになります。

不老不死《ふろうふし》の世界、理天極楽《りてんごくらく》、涅槃《ねはん》には『一』ですから、僅《わず》か一割しか戻れないということになります。霊界《れいかい》に住まう霊の全対数の九割が、四生六道輪廻を余儀なくされて、地獄道へと旅立つ勘定です。

以上はあくまでも筆者の思惑《おもわく》の中での語らいですが、人生を重要視するのではなく、自らが持つ「人の心」を神経・精神と称される『神の心』に戻すべく明師《めいし》の一竅《いっきょう》『得道《とくどう》』を授かって、うまくもない人生、でこぼこの人生、穴ぼこばかりの人生、悩みばかりの人生、思い通りに運ばない人生、人に疎《うと》んじられている人生、といったように、数限りない悪臭《あくしゅう》を放っている今の人生から、上品《じょうひん》でいい味に顕現《けんげん》させる『神《かみ》からの素味《そみ》』をいただくというのが、『得道』の趣旨《しゅし》である訳です。

明師の一竅《いっきょう》は「幸せにする素《もと》」がしっかりと詰まっていて、欲《よく》を貪《むさぼ》らない限り次第に運は好転し、気持ちが楽になります。人生は何もかもが満ちたりたものでなければならないものではありません。自らの霊なる心が、明師の一竅によって『神なる心』に立ち戻ればいいのです。ただそれだけで理天極楽の「一」を修得し、精神世界に入ることができるからです。理天極楽の「一」は以後、あなたの体内（小宇宙）の因縁因果《いんねんいんが》を悉《ことごと》く余《あま》すことなく奇麗《きれい》に清掃《せいそう》して下さいます。『一《いち》』一竅《いっきょう》によって、皆さんご存知のことと思いますが、体内に住まう三尸《さんし》九蟲《きゅうちゅう》を悉く退治してくれます。

この九蟲《きゅうちゅう》が体内に生存する限り、毎庚申《まいかのえさる》、甲子《きのえね》の時刻になれば人間一人ひとりの体内から出て、ことの善悪の一部始終を天に報告されて、死後の途《みち》である、四生六道が定められてしまいます。その三尸九蟲を吾が体内から消滅させせぬ限り、因縁の影響は次々に及んできます。その為に天道では『得道』以後「霊《れい》の正門《しょうもん》・玄関《げんかん》」を守ることを奨励《しょうれい》して「守玄《しゅげん》」を勧《すす》めています。

天地自然の教え　その二

字が示す、幸せにする素《もと》

真実の真の文字は、上に「十」の字があるところからそういわれます。

吉、喜び、幸せ、嬉しい、嘉いといったふうに、字は作られた時からその字義は統一されています。字の一つ一つに真実の道は託されてありますから、陰陽《いんよう》の理屈が解ければ、人の心を介することなく修道は可能となります。真実の実は上に十の文字が無く、宀《ウカンムリ》の中に二と人が入っています。実《み》を実《みの》りと読ませる理由は、果実でも人生の成功の実りでも、永久に続くことなく地上に落下して、その姿を残さないからです。

未練は残りますが、死後、空手で旅立たなくてはなりません。そして三途の川を渡り冥《めい》途《ど》へと旅立ちます。冥途とは「くらい途」です。その繰り返しを幾度も続けてきましたが、人間として生まれた限りはまた一から人生を叩きあげなくてはいけません。

大学の教授をして、沢山の著作《ちょさく》を出版なさってそして講演を数多くこなしている方も、明師の一竅がなければ三途の川を渡り、間違いなく冥途へと旅立ちます。宗教界の方々でも、その最高峰に君臨なさっている首座《しゅざ》の方でも、明師の一竅がなければ三途の川を渡り、間違いなく冥途へと旅立ちます。

人々は輪廻転生の「しきたり」つまり掟を皆目知らされず、無知無能の中に過ごしています。宗教自体その掟を知りませんから、宗教の教えは既に終わったといっても過言ではありません。これまでの宗教は仮の世で生きる為の教えですから、「生きていることは有り難い」と思うことだといいます。ですから混迷《こんめい》する世にあって、宗教の教えは人々の支えとなるのです。斯《かく》いう宗教人もまた死後冥途に旅立ち、その形跡《けいせき》を消滅《しょうめつ》してしまいます。天道は冥途行きを断ち切って、直通で以て理天極楽の涅槃に、神仏の歓待で以て霊なる心をお連れ致します。

人間でいる限り、これまでの輪廻の中で培《つちか》ってきた因縁の積殃《せきおう》を一掃してしまわなくてはなりません。汚《よご》れ切った霊なる心を清浄《せいじょう》にして、汚《けが》れの無い霊なる心にしなければならないからです。明師の一竅はその汚れ切った心に「素味《そみ》」を差し入れて下さいます。ただそれだけで霊なる心は神経、精神といわれるが如く神への変貌《へんぼう》が適うのです。料理でも同じで、いろいろ材料を鍋《なべ》に掘り込み炒《いた》めたり煮《に》たりしますが、そのままテーブルに出せば美味《おい》しく食べていただけるでしょうか。うま味の素調味料を加えて美味しく調理した時、間違いなく食べ尽くしてくれます。

明師の一竅は料理ではありませんが、人生の素味ですから一瞬にして人生を美味しくして下さいます。それを字で以て解釈すれば、素という字は龶と糸という二つで出来ていますが、龶は字としての存在はありません。従って素という字は一文字の漢字であると解釈されます。そこで同じ字体に属する青の字を見てみれば龶の下に月の字が見えます。

月は通常陰月と称されるが如く、素の字の糸もまた因縁因果の糸が象徴されます。従って素の字も青の字も龶の下に陰の道、地獄道が暗示されていることが分かります。では龶はどのように解釈すればいいのでしょうか。

無色透明の空が幾重にも重なって天高き時の空は真っ青といわれます。実は青という字には真っ白、無色透明という意味が含まれているのです。ですから精製、精米は真っ白にする、汚れの無いものにするという意味です。

圭 の字は三天を突き抜けて上天に達すると示唆している字で、言い方を変えれば**圭**は**主**という字の代用文字であるとして見ることができます。明師の一竅はこれまでの罪業《ざいごう》を雷鳴《らいめい》の如く一瞬にして清め、体内に残る三尸九蟲を消滅《しょうめつ》へと導き、そして天寿《てんじゅ》が全うされるまでに霊なる心を浄化して、極楽に暮らせるように神格化《しんかくか》させていきます。

以上が「幸せの素」としての明師の一竅『得道』の謂《いわ》れを説いた訳ですが、幸せは一時のものではなく永《とこしえ》に続くものでなくてはなりません。今は望めば意図も簡単に授かることができます明師の一竅『得道』ですが、やはりその奥深い神秘を研鑽することは必要です。

かつての聖人は永遠の幸せを求めて、艱難辛苦の修行を行った訳ですが、その行《ぎょう》の段階に於て知った、人生と四生六道の輪廻の掟を顕《あきら》かにします。

最初の章では、天道シリーズとしての恒例に従い「人生明解」でもって『天道』の研鑽を続けさせて頂きます。そしてその後の章では、大宇宙に対する小宇宙つまり身体の神秘を、天道の修練法である『守玄』の行い方の中で、人生と四生六道の輪廻の掟を顕《あきら》かにしていきたいと思います。

叩首

高山京三　敬白

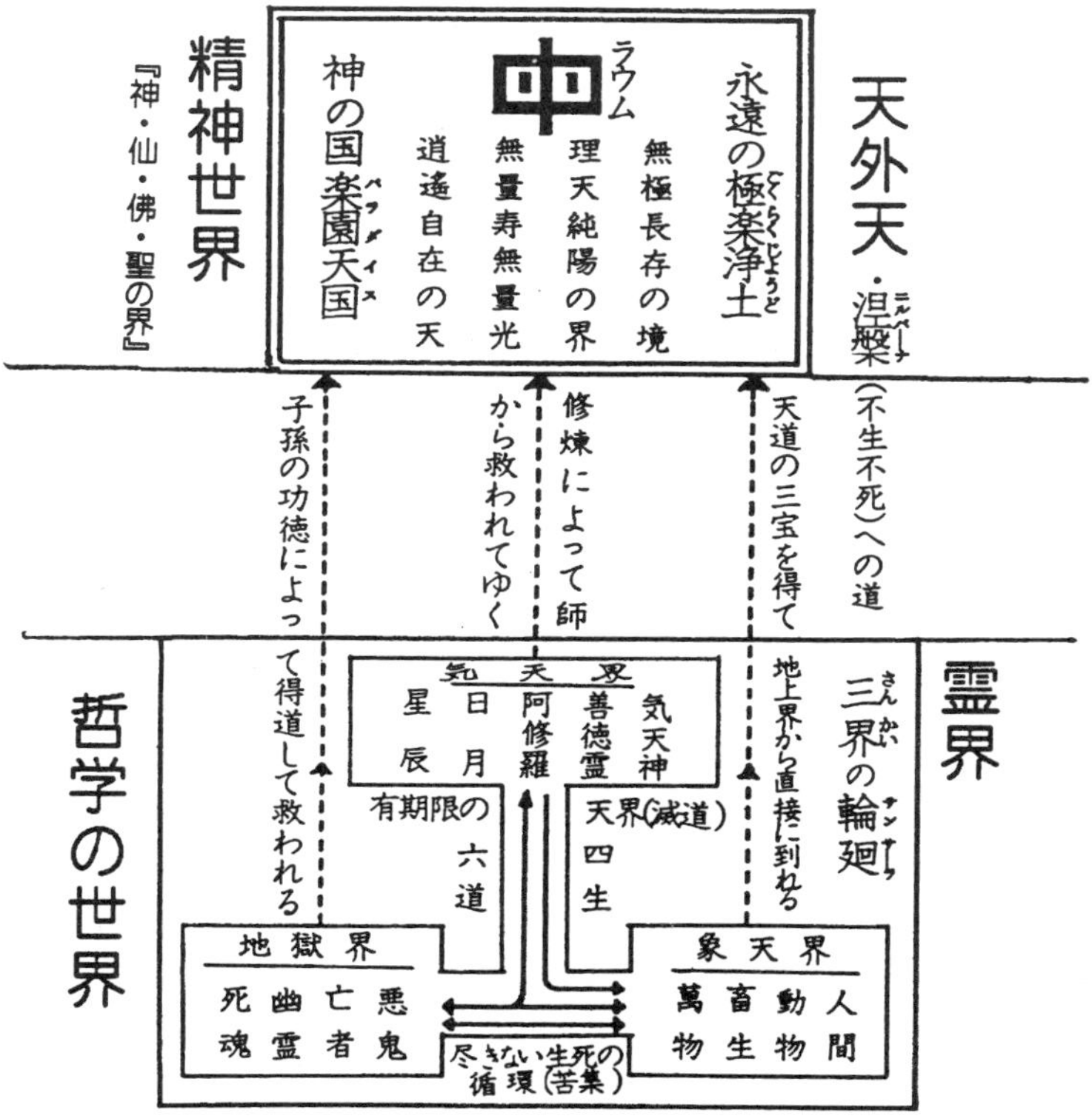
天外天・涅槃《ニルバーナ》(不生不死)への道
永遠の極楽浄土《ごくらくじょうど》
無極長存の境
理天純陽の界
中《ラウム》
無量寿無量光
逍遥自在の天
神の国楽園天国《パラダイス》
精神世界
『神・仙・佛・聖の界』
天道の三宝を得て
修煉によって師から救われてゆく
子孫の功徳によって得道して救われる
霊界
三界《さんかい》の輪廻《サンサーラ》
地上界から直接に到れる
気天界
気天神
善徳霊
阿修羅
日月
星辰
天界(滅道)
四生
有期限の
六道
象天界
人間
動物
畜生
萬物
地獄界
悪鬼
亡者
幽霊
死魂
尽きない生死の循環(苦集)
哲学の世界

目次

守玄編

本文イラスト／佐藤光子

人生明解編《じんせいめいかいへん》

人生明解《じんせいめいかい》

第三十五章

★人生明解 第一章 ～ 第二十三章 は「天道シリーズ〈1〉人生をひらく秘密の宝もの」を、 第二十四章 ～ 第三十四章 は「天道シリーズ〈2〉人から神へ　悟りの道」をお読み下さい。

☆　お便り

いつも楽しく会報を読ませて頂いています。『得道』を授かるまでは当然のごとく道を歩んでいると思っていました。それが首の乗っかった「道」でなく、余りの「途」であると聞き、あまりの無知に愕然《がくぜん》としました。

人生の大半を終えた今、自分の人生は空を掴《つか》むはかない人生であったのか、それとも運に翻弄《ほんろう》された人生であったのか、しみじみと考えさせられます。忍耐辛抱して運を掴むことが人生最大の目的であった若き頃を思うと、胸が熱くなってきます。

もう一度その頃の情熱を甦《よみがえ》らせて血気《けっき》に逸《はや》ってみようかと考えていた矢先の『得道』の誘いでした。

光陰《こういん》むなしく真実を悟った今、嬉しくもあり悲しくもありといったところでしょうか。

今は「運《うん》を天《てん》に任《まか》す」心境で以て、天道を信じて信じれるものにしようと、戴いた会報や道書、それに先生の出版なさった本などを読んでいます。種々《いろいろ》質問することになりますが、道の後学として「運」について学びたいのです。よろしく。

道標

運は消息盈虚《しょうそくえいきょ》

花が咲けば散り、しかし散ってそれで終わる訳ではない。

また春が来れば咲くという天地自然の、そのような変遷《へんせん》を「消息盈虚《しょうそくえいきょ》」といいます。

人の心はそれを知って一刻の猶予無く働き続けています。

常に不安でいながら、望みを持ち続けているからでしょう。

これを欲望と呼びますが、欲が無ければ生きてはいけないのが人間です。

欲望が気力の表れ、生きているという証しです。

その欲望を達成させようと様々な手段を考えてそして人生に挑戦しては、涙を流し、或は歓喜《かんき》に酔《よ》い痴《し》れています。

しかし今、『道』を悟り、そして振り返れば光陰の流れの中に虚しさが残ります。

この世の移り変わりは迅速《じんそく》です。

今夜にも明日にも人の命はどうなるのか、知れたものではありません。

どんな死に方をするのか、どんな病気にかかるのか、それも知れたものではありません。

安全と思っても危険があります。

そのような恐怖が常に付き纏《まと》って人生があります。

それでも人は望みを持ち、力強く生き続けています。

耐え忍んだ後、復活があると信じているからです。

運はそのような中に存在します。

運を信じて復活できるかできないかを決定する。つまり人生に賭ける訳です。

従いどこまでも耐える時には耐え、忍ぶ時には忍ぶということを心情として忘れないでいます。盛んなる時が来て養われてきた力が発揮できると信じて人生に耐え、忍ぶのです。

月は満ちれば欠ける、しかし欠けてそれで終わりはしない、また満ちる時が来ます。

盛んなることもあり衰えることもあります。

運という字は先ず、
冖《ワカンムリ》、車《くるま》、辶《シンニュウ》の三文字で以て構成されています。

冖は宇宙とされますが、宀《ウカンムリ》や亠《ナベブタ》の様に、天の一點（道）がありません。

つまり冖は、天は関知しないという含《ふく》みが隠《かく》されています。

辶は舟、つまり乗せていく、廻るです。

車は車輪の回転によって動き、人やものを運ぶとあます。従い「運を天に任す」といっても、天の一點《いってん》が無い限り、その人生の行く末は本人次第、つまり生年月日時に示された宿命であるところの因果に従っていく以外、術《すべ》はありません。花が咲けば散る、しかし散ってしまってそれで終わる訳ではありません。時季《じき》が廻り春になれば咲くといったように、物事の「消息盈虚《しょうそくえいきょ》」は絶えずあるのですから自分の力を養って時機を待つことが大切であるということになります。そのように人生を顧《かえり》みれば、その悉《ことごと》くが『天行』つまり天地自然の道と同じであることが知れます。ですから人生は忍ぶべき時は忍んで、その間、力を養いそうしてその力を伸ばす時を待つというだけの覚悟がなければなりません。

時を得ないでただ動くということは、何の効《こう》もありませんから、大いにこれを戒めることを忘れないようにしなければなりません。

天地自然の教え　その一

運《うん》を天《てん》に任《まか》す、委《ゆだ》ねる

いろいろと苦労を重ねて初めて、その忍ぶところの覚悟が養われます。

苦労の足りない者はちょっと苦しいことに出遇うと無闇《むやみ》に焦《あせ》るものですから、結局その苦しみが多くなるばかりです。

世の中を通っていろいろと経験して苦しい目に遭った人は、今までの経験に照らしてみて、これではいけないと思う時は幾らでも我慢することができます。また廻り来た逆境《ぎゃっきょう》の中を越えていくこともできます。苦しむということが人間には何よりも大切な薬になる訳です。

このように人生を見ていきますと、運という文字に天の一點『道』が付いていないという、その謎めいた天の思惑《おもわく》は一体何なんでしょう。

辶の上に乗っかっている軍は、如何にも人生を闘い抜く姿を表しています。

闘って、闘い抜いて、そして栄誉《えいよ》を勝ち取ったとしてもそれで終わる訳ではありません。

車は廻り続けて止まることがないからです。

それは恰《あた》かも車輪の如くで、輪廻は止まることなく三界《さんかい》を廻り続けて運を運び続けます。

それが運である訳ですから、生死《しょうじ》の大事が悟れれば、自ら人生の虚しさを感じずにはいられないはずです。

ある禅師《ぜんし》が「光陰虚《こういんむな》しくわたるなかれ」と言っています。

また「光陰を惜《お》しめば止《と》まるものか、それとも惜しんでも止められないものか」とも問われています。運の廻りは時の廻り、それが虚《むな》しく過ぎるのではなく、人が運を無駄にしているだけです。如何に大財を積んでも、如何に高位高官の名誉を得ても、如何に愛情の豊かさを味わっても、光陰虚しくその象《かたち》、その姿を遺《のこ》してはくれません。

「玉《たま》は磨《みが》かれて初《はじ》めて器《き》となり、人は練磨《れんま》して初めて真《しん》の人となる」と、ところがこの解釈が、この世では、人は兎《と》に角《かく》耐え忍んで人生の難しいところを越えるほかはないと教えられます。しかしながら人間というものは、名誉心の強いもので、苦しい時に対面などを考えないものですから、万事を忍んでいくということは容易ではありません。

その為に却《かえ》って禍《わざわい》を大きくしてしまいます。

一時の忍ぶべき所を忍ばない為に、大計《たいけい》を誤るということが随分と多いので、よく落ち着いて考えて、忍ぶべきところは忍んで、実力を養い、そうしてその力を伸ばす時を待つという覚悟が人生には必要です。お手紙をお寄せになった方は、そのような人生を経験して今日がある訳ですが、しかしながら運がどう変わろうとも自ら守るところを変えないというだけの決心を持たなければ、折角『道』を得た甲斐《かい》がありません。

つまり『得道』によって運の字には備わっていない、天の一點・道、つまり車の字の縦線《たてせん》の――を抜いて、天の位置、宀《ウカンムリ》に戻したと考えると車の字は亘《こう》（亘《わた》る）となります。亘《こう》の意味から察すると、上の「一」が気天界、真ん中の「日」が人間世界、

（二4）【亘】 ㊀ セン 先 xuān ㊁ 漢 カン（クヮン） 寒 ㊂ コウ 径 gèn,（gèng）――わた-る

解字 象形。 水流などのうずまくさまで、「めぐる」意。

注意 亙コウ（＝わたる）は別の字だが、俗に通用する。

意味 ㊀①めぐる（回）。＝圜カン・旋セン ②のべる。＝宣。㊁桓カンに通じる。㊂わた-る。＝亙コウ 人名 のぶ・わたり・わたる

参考 「亘」を音符とする字は、宣セン・垣エン・桓カン

下の「二」が地獄界として見ることができます。

亘は、水流などのうずまくさまで「めぐる」の意と解字されているところからも、輪廻を暗示していると想定《そうてい》することができます。さらには車《くるま》の字の縦線——を抜いて宀《ウカンムリ》とした場合、つまり軍《ぐん》から宣《せん》という文字に変化することになります。

（宀6）**【宣】**㊍ 教 セン 先 xuān ｜のーる のーべる

解字 形声。宀（家）と音符亘《セン》（めぐらす意→垣《エン》）とで、土べいで囲まれた建物の意、借りて「のべる」意に用いる。

注意 宜《ギ》（＝よろしい）は別の字。

意味 ①天子の正室。「宣室」②のーべる（ーぶ）(ア)しく（布）。敷き延べる。ゆきわたらせる。「宣布」(イ)あきらか。あきらかにする（明）。あらわす（露）。＝闡《セン》 (ウ)あげる。あがる。発揚する。おこす（発）③のーる。**のたま**ーう（ーふ）(ア)君命を伝達する。(イ)君主みずからいう。④みことのり。天子のおおせ。

また象形《けいしょう》で以てみても意味深長《しんちょう》です。

亘の象形と宣の象形を見比べてみますと、

この解釈がよく理解できるはずです。

『得道』を授かる前と授かったあとの運の変化には著しいものがあります。その変化を得道者自身がしっかりと見極め、そして天道を信じて更に功徳を積むことが肝要です。

天地自然の教え　その二

道《みち》、遠《とお》からずして復《かえ》る

上天《じょうてん》より下《おろ》された私達の霊魂《たましい》はこの地上に於て様々な経験、様々な苦労を余儀《よぎ》なくされて修練《しゅうれん》させられます。それは老中の子、神《ラウム》の子としての能力を磨く為です。

老中の理天《りてん》極楽は永久不滅で常に変わらない天で、始まりも終わりもない無死無生の真の極楽境です。この天はもともと私達の故郷で、私達は皆ここから降生したのですが、今や迷路に堕《おち》いり罪を重ねて帰ることができない有様になってしまいました。

今日『得道』した人は将来皆この故郷へ帰れるのですが、今までは相当徳の高い方や、「行」の深い神、仙、仏、聖だけの極く少数しか帰られなかったのです。

大方の人間は現世に於て過去の罪の処罰を受けて、その挙げ句、この世での人生が終わると陰惨《いんさん》な地獄に送られて畜生、亡幽霊《ぼうゆうれい》、悪魔、邪霊《じゃれい》、人間へと転生していきます。

極楽への扉《とびら》を開け放つのが『得道』ですが、大方の人はその『得道』を受け入れようとせず、一番行きたくない地獄を選んで罪の清算を余儀なくしています。

長い歴史の中で培《つちか》われて来た真実無き途《みち》を歩んできた結果の、判断であるからです。

しかし神《ラウム》の子である人間誰しも、陽《よう》なる『神《ラウム》』の心が備わってある限り、然《しか》るべき時運《じうん》に巡り逢えば、衰《おとろ》えていた陽の心がまた回復してくるに違いないのです。

これを『道、遠からずして復る』といいます。

間違いであったが、また正しい道に戻っていくということです。

人間は初めから聖人でも賢人でもないのですから、間違いを致すことは已《や》む得《え》ません。

しかし孔子様も言われるように、過っても改めないのが本当の過ちで、過って改めれば、正しい道に復《かえ》ることができるのですから『道、遠からずして復る』という心持ちが何よりも大切です。

常に己を反省して道を求める者は必ず『道、遠からずして復る』という縁が結ばれます。道と縁が出来れば更なる功徳《くどく》を積まなくてはなりません。

人の一生は功徳という徳分《とくぶん》で成り立っているからです。

そしてその徳分を使い果たして生涯を終える訳ですが、その間に目に見えない加護や、目に見えた利益が必ず誰しもあります。そのように徳分は使用される訳ですが、有難くもその徳分や祖先《そせん》からの祖徳《そとく》によって『得道』が授けられたのです。

この後は『道、遠からずして復る』訳ですから、更なる徳分の積立が必要となります。道を得て後の行《ぎょう》は、これまでと同じく利己的《りこてき》な心が支配してしまえば間違いだらけのものになってしまいます。

本性《ほんせい》が利己心《りこしん》を抑《おさ》えていけば、いつも立派な行いができて、聖人にも賢人にもなれます。『道』を得て衰《おとろ》えかけていた人生が善《よ》くなるのは、善くなるべきところの本質《ほんしつ》が元々備わっていたからで、それを悟れる本性が自らの功徳でもある訳です。

過ちは過ちであって『道』から遠のいていき、善はどこまでも善であって『道の縁』となりますから、それを知ってゆるがせにしないことです。

修道《しゅうどう》は期待することなく、求めることなく、得ることなく、凡ての利を離れて、道を伝えて下さった聖人賢人の道を行ずることが大切です。求める欲心《よくしん》を断《た》ち、神仏になることを望まず修道を続けることで以て、自己の本性を見定めることが大切です。

少しの期待もまったく抱かず、もろもろの善を修めて今までの悪因を切り捨て、そして善を行ったからと安心しないで、一生『道』を行じ続けていけば、天上界より更に上に在《あ》る上天、つまり理天極楽へ戻る喜びが感応されます。

運を好転させるにはこの道『得道』しか、あり得ません。

人生明解《じんせいめいかい》

第三十六章

☆ **お便り**

過去の盛大さ、繁栄を思えば寂《さび》しく思う天道、その一因が自分にもあると思うと悲しくなります。

道に縁ある人が殆《ほとん》ど救われて、今では僅《わず》かと考えること自体が非常に親（老中）不孝で恥ずかしいことです。點伝師《てんでんし》でありながら、苦しく思います。

会報を読ませて戴きながら、夢をもう一度と、一人でも多くの人達に心の眼を開いて差し上げたい思いでいっぱいです。伝道する勇気を今一度！

道標

精神的な施《ほどこ》し

このような昔話があります。

ある時、狐《きつね》と猿《さる》と兎《うさぎ》が遊んでいるところに、空腹の旅人が通りかかりました。

その哀《あわ》れな姿を見て、三匹は可哀想に思ってすぐさま旅人の食べ物を探しに出かけました。しばらくして、狐と猿は沢山な食べ物を持ち帰ってきましたが、兎は手ぶらで帰ってきました。

兎は非常に悩んだ後、火の中に身を投げ入れて旅人に体を捧げました。その施しを見た旅人は、仏《ほとけ》の姿に還《かえ》り、兎の優しい心を誉《ほ》め称《たた》えました。そして兎を月の世界に送りました。

それから月に兎が住むという伝説が生まれたと謂われます。このエピソードでクローズアップされているのは兎の善行《ぜんこう》ですが、狐や猿の善行は軽視《けいし》されています。

問題なのは、何を捧《ささ》げたかではなくて如何《いか》に捧げたかで、人間としての気持ちを探《さぐ》っています。伝道する心もまた同じで、徳は積もうとして積めるものではなく、全く思いがけない奇縁《きえん》に依《よ》って戴《いただ》けるのです。「これを得《え》るは難く、失《うしな》うは易し」といいます。

世に千万の宗教宗派がありますが、即身成仏《そくしんじょうぶつ》の至法《しほう》がなく、狐や猿の様な善行で以て人々を導いています。

即身成仏の至法は上乗《じょうじょう》の法ですが、上天《じょうてん》の仲介役《ちゅうかいやく》として深い迷いの眠りにある人々を、その眠りから覚《めざ》ませて光明《こうみょう》の彼岸《ひがん》へ至《いた》らしめる、この大事が『得道』した私達と上天との縁なのです。

もし天道に縁を得なかったら、過去六万年間の長い転生と輪廻に終止符を打つことができずに途《みち》から途《みち》へと冥《くら》い途《みち》、冥途《めいど》への逆旅《ぎゃくりょ》を続けていかなくてはならないのです。

そのような救われ難く伝え難い人々の為に生命を抛《なげう》って、老中様の御心《みこころ》を衆生にお伝えする。これが『得道』を授かった私達の使命〔性命〕なのです。

天地自然の教え　その一

天命《てんめい》より人命《じんめい》・生命・性命・宿命

故鄧明坤《とうめいこん》（慈明真君《じめいしんくん》）

【歳次《さいじ》・己未《きのとひつじ》・一九七九年（昭和五十四年）夏季大典《かきたいてん》の前日での點伝師会《てんでんしかい》に於ける鄧明坤《とうめいこん》前人《ぜんじん》のお話を一部省略して記述します。ご了承下さい。】


天道が日本に伝わって、最早《もはや》今年で三十年の歳月を迎えるに至りました。

この三十年という時間は、とても尊いものであります。

一世《いっせい》が三十年ですから、この経過した一世の時間はかけがえのない歴史的重要な期間であるといえます。また、この一世の時間は決して短くはありません。

過ごす人にとっては苦しみの連続であったともいえます。

この三十年の間に十数名の點伝師が帰天しました。

各々その道と命《めい》を了《おえ》て、天のお召しを受けられたのであります。

想うに人生には限りというものがあります。

限りある命《いのち》を以て私達は当然、限りなき天道を為さなければならないと存じます。

従って世にある時間を大切にすること、光陰《こういん》を尊《とうと》ぶこと、これが大事な基本的考えであります。不惜身命《ふしゃくしんみょう》の心尽《こころつく》しがあってはじめて、道を拡《ひろ》め、今日を成し得ることができたのであります。

私は今日の機会《きかい》を借りて、在籍《ざいせき》の各位《かくい》點伝師に幾つか、天命に対する意義を説明し、以て参考に供《きょう》したいと存じます。

諸賢《しょけん》は共に天命を任《にな》っておる関係上、この命《めい》についての認識を深める必要があると存じます。

生命

先ず第一は生命であります。

人間は皆生存の為、また自分の生活の為に事業を営みますが、自分が生きる為、自分の生《せい》を謀《はか》る為に他の生命を犯《おか》す、生あるものを殺すことがあります。

つまり百年の人生を支えてくれるのが生命であり、肉体に宿っているのが生命でありますが、吾が身を殺して仁道《じんどう》を成す人が少なくなりました。

例えば動物達を自分が生き延びる為、食べる為に殺害するということは、身を殺して仁を害することであり、慈しみの道に反して人の道を損《そこ》なうことであります。

これは一般の事業に於てもいえることであり、人を犠牲《ぎせい》にしてでも自分が生存していく利己中心の方が多い世の中でありますが、それが生命であり生きる為の命《いのち》であります。

これが生命であります。

性命

次は性命であります。

生命と性命には分別《ふんべつ》があります。

昔から古聖先賢《こせいせんけん》は自分の性命を保全《ほぜん》する為、心身の苦労を厭《いと》いませんでした。

自分の使命を完うする為に敢《あ》えて己《おのれ》を犠牲にされたのです。

だから昔から歴代《れきだい》の忠臣烈士《ちゅうしんれっし》というものがあって、生《せい》を捨て義《ぎ》を取り、己の身を殺《ころ》して仁《じん》をなした、これが性命を完うしたということであります。

例えば審《つまびら》かではありませんが、日本の乃木大将《のぎたいしょう》が日露《にちろ》戦争の時、旅順《りょじゅん》で何万という兵士の生命を殺したが、それでも尚且《なおかつ》、自分の使命を果たせず復命《ふくめい》ができないので自殺を計ったが、明治天皇によって押し止められました。ところが結局は、天皇の崩御《ほうぎょ》に殉《じゅん》じられたとあります。これは性命を果たせられないと復命できないから、使命を遂げる為に命を投げ出すことで、生命を捨てて性命の道を求めたということになるのですが、此処《ここ》でいう性命とは先天的《せんてんてき》な、名誉的《めいよてき》な、本当の大義《たいぎ》に生きる生が、この性であります。

南宋《なんそう》の終り頃、文天祥《ぶんてんしょう》（一二三六〜一二八二）という立派な政治家が元軍《げんぐん》に再度《さいど》捕《とら》えられ、世祖フビライハンに重臣《じゅうしん》になることを数回となく勧《すす》められたが固持《こじ》して死刑になりました。そして、牢獄《ろうごく》の中で彼の有名な「正気之歌」を作りました。

つまり岳飛《がくひ》の如《ごと》きは忠《ちゅう》の道を全うし、孝《こう》の道を全うした代表的な人物であると賞賛され、また関法律主《かんほうりつしゅ》（関羽）も魏《ぎ》の曹操《そうそう》に捉《とら》えられて厚く遇《ぐう》され、投降《とうこう》を勧《すす》められましたが、肯《こう》せず逃れて、一生劉備《りゅうび》の為に尽くされたとあります。

古来聖賢《こらいせいけん》の忠義節儀《ちゅうぎせつぎ》の道は、自分の命を投げ出して、得たものが性命でありました。

キリストも身を犠牲にして人々の罪を贖《あがな》い仁道《じんどう》を成したのであります。

つまり生命と性命の違いは屡々《しばしば》反対の在り方、行き方をする場合もある訳で、性命を保全する為に人間の生命を犠牲にする場合もあり得るということであります。

宿命

次に宿命についてお話をしたいと思います。

元来、命《めい》は一つしかなく決して生命とか性命とか宿命など、三つ、四つの命の分別はあり得ません。一つの命しかないのです。ただ生き方による分別である訳ですが、初めの生命には限りがあり、後《あと》の性命には限りがありません。久遠《くおん》に無限です。

命は同じ一つであっても後天に流れて所謂《いわゆる》、命の意義に違いが生じただけで、つまり前世《ぜんせ》の因果《いんが》の積み重ねが現在の宿命となったという訳です。

従って前世・過去夙世《しゅくせい》の為《な》し方、行《おこな》い方によって今生《こんじょう》の私達の境遇《きょうぐう》に夫々《それぞれ》違いが生ずることになります。

例えば、富貴貧賤《ふうきひんせん》という形になって生まれてきたり、または智慧《ちえ》のある人に生まれたり、愚鈍《ぐどん》の人に生まれたり、或は寿夭窮通《じゅようきゅうつう》つまり、長寿、短命、金持ちとか、貧乏に生まれ合わされる等、各人とも夫々違った運の状態に分かれていくのであります。

それは皆、各人の宿命が各々違う関係からきたものであります。

人々の行為が違うから今、転生して受ける境遇も千差万別に相違してくる運り合わせになります。

よく俗語《ぞくご》に「前世の因《いん》を知らんと欲《ほっ》せば、今生の受くる所を見よ。来世の果《か》を見んと欲せば、今生の作《な》す所を見よ」という言葉があります。

これは、もしもあなたが前世に一体何をしたかと知りたいと思うならば、あなたが今享《う》けている境遇は即ちそれですよ、という意味です。

歴世《れきせい》の間、積み重ねてきた善悪が宿命となります。

だから修道する以上は、必ずや自分の宿命というものを知って天を怨《うら》まず、人を尤《とが》めない、人の所故《せい》にしたり、神を呪《のろ》うことはしてはいけないのです。

つまり己《おのれ》の命《めい》を知って分《ぶん》を安んじ、己を守るということが肝要であるからです。

中庸《ちゅうよう》の中にこういう言葉があります。

「君子《くんし》、その位《くらい》に素《そ》して行《おこな》い、其外《そのほか》を願《ねが》わず、富貴《ふうき》に素して富貴に行い、夷狄《いてき》（未開）に素しては夷狄に行い、貧賤《ひんせん》に素しては貧賤に行い、患難《かんなん》に素しては患難に行う。君子入《はい》るとして自得《じとく》せざるなし。」と言われました。


徳のある者はその位置境遇を自分の本来の持ち前と心得て、その位置境遇に適当な行為をなして其の外《ほか》を願う心はありません。

若《も》し順境《じゅんきょう》にあって家富《いえと》み位貴《くらいたか》い時には、敢《あ》えて驕《おご》りたかぶることなく、また放縦《ほうじゅう》に流れることもなく、富貴な者の行うべき道を行い、若し逆境に在《あ》って家貧《いえまず》しく位賤《くらいいや》しい時には敢《あ》えて諂《へつら》うことなく、また卑屈《ひくつ》に陥《おちい》らず、貧賤《ひんせん》の者として努力すべき道に努め、夷狄の未開の国にあっては、其の風俗《ふうぞく》にも随《したが》うとも道を守って改《あらた》めず、患難《かんなん》に臨んでは恐れず憂《うれ》えず節《せつ》を守って変じないように、それぞれ其の位置境遇にあったことをします。

故に、君子は如何なる境遇に入るも、少しも不平不満の念を起こすことなく、悠々自適《ゆうゆうじてき》する者であると解します。

君子たる者は、ただ今置かれた自分の命を知っているので、それ以外のことを望まないのです。これが宿命を知るということであります。

俗語に「君子は命の為に争うことをしない」とよく宿命の由来《ゆらい》を知っている為に、根本的に争うべきことは何一つないからです。

結局よく一切のことを耐え忍び明らかに与えられた宿命の厳《きび》しさを認識することが大事と考える訳であります。

天命《てんめい》

各位點伝師《てんでんし》、よく天命の重要性について認識を深めて戴きたいと思います。

それは皆共に恩師《おんし》の天命を預かっているが故《ゆえ》です。即ち、私達は恩師から衆生の性命《せいめい》を済度《さいど》する御命《おんめい》を帯《お》びています。

つまり三天の大事を私達に委託《いたく》している訳であります。

だからこれを完《まっとう》うせねばなりません。

私達は先ず担《にな》っている天命の偉大さと尊厳《そんげん》さを深く悟る必要があります。

孔子様は君子に三畏《さんき》有りと！

その第一が天命を畏《おそ》れるとあります。

そして「吾《われ》、五十にして天命を知る」とおっしゃいました。

天が自分に賦与《ふよ》した使命を自覚し、また天運のあるがままに安ずることができるという意味です。今、三期普渡《さんきふど》に当たり、初めてこの還源《かんげん》の天命に接することができ、これを完成することができることに思いを深くせねばなりません。

先に申しました生命と性命と宿命の三つの従来の意義も此処《ここ》に集約《しゅうやく》されます。

つまり天が私達に命じて下さった命は一人ひとりあります。即ちそれが天性《てんせい》・本性《ほんせい》であります。

中庸の第一章の第一句に、

「天《てん》の命《めい》ずる之《これ》を性《せい》と謂《い》い、性《せい》に率《ひき》う之《これ》を道《みち》と謂《い》い、道《みち》を修《おさ》むる之《これ》を教《おしえ》と謂《い》う」つまり、上天老中から賜《たまわ》ったのが性霊《せいれい》であり、この性《せい》を率《ひき》いて上天に返るのが道であります。

世の人は性を率いることをしないから、天命に違反し、そこで天性を失《うしな》って了《しま》うのです。

一人ひとりに皆、佛性《ぶっしょう》があるのは即ち、この本性を指しています。

天から与えられた本性を浄化《じょうか》し、救渡《きゅうど》（救霊《きょうれい》）していくのが私達の使命でありますから、私達は大自然の上天から与えられた本性に従って仁・義・礼・智・信の五常を行わねばなりません。つまり本性に違背《いはい》することはすべきではないと、そう思うのです。

この五常の徳義《とくぎ》を、もしも失うことがあれば、これは天から与えられた命に背《そむ》くことになります。

大学《だいがく》の中に書経《しょきょう》の康誥編《こうこうへん》の一節《いっせつ》を引用《いんよう》して斯《か》く曰《い》われています。

「惟《こ》れ命《めい》、常《つね》に于《おい》てせずと。道善《みちぜん》なれば則《すなわ》ち之《これ》を得《え》、不善《ふぜん》なれば則《すなわ》ち之《これ》を失《うしな》う」と。

つまり天の命は決して常《つね》に此《こ》の人にあるとか、或は常に此の場所に在《あ》るというような定《さだ》まった約束ごとはありません。道善を行えば必ず天命を保つことができ、不善を行えばこれを失ってしまうという意味です。

普伝《ふでん》の時期になって道を得るのは容易ですが、また之を失うのも簡単であります。決して誰かが命を取上げるということではなく、知らぬ間にその人から去っていく、失っていくということに気付かねばなりません。

點伝師は皆、臨時であります。

どうして臨時の文字を加えて下さったかをよく考えておくべきです。そして時々刻刻に之を奉載《ほうたい》して違うことがないように、今日の各位はすべて、天の命を身に受けた點伝師であって、天に代わって伝道する重要な責任を夫々与えられています。

必ずやこの天命を保守して進まなければなりません。

与えられた天命を常に自覚し、使命を完成させるべく努力、精進をすべきであると、そう思います。

その為にも先ず、人間の生命と性命と宿命との三つをよく理解すべきであります。

人生明解《じんせいめいかい》

第三十七章

☆ お便り

『得道』を授かるまでの人生と、授かった後の人生をよく見なさいと、儀式の折、おっしゃいました。

確かに真理を知ったお陰でしょうか、その後は次第に心が安らぎ、そしてものごとを冷静に見て判断することができるようになったように思えます。

これまでにない判断力が備わったようで、幾度もやり直していた仕事が、今では躊躇《ちゅうちょ》なく進められて心が揺《ゆ》らぎません。

これまでの人生は波乱に満ちた人生で、悩みが深まると占いに頼《たよ》る人生でした。「姓名判断」で自分の名前を占ってもらったところ、大凶《だいきょう》の画数《かくすう》で大ショックを受けたり、生年月日でも、いいところがなくて意気消沈《いきしょうちん》の日々でした。

これまで死ぬことを考えたことが幾度もありますが、友人からの紹介で天道に縁を得て、今では将来に希望が持てるようになりました。

これまでの苦労をバネにして頑張りたいと思います。

いろいろとアドバイス有り難うございました。今後ともご指導をお願い致します。

邪悪な心があれば
悪事を思い
慈悲の心があれば
善を思い、智が生じ
菩薩となる。

道標

名前は、認識番号《にんしきばんごう》と同じ吉凶《きっきょう》なし

世に「姓名判断」でもって生業《なりわい》とする占い師が多くいますが、騙《だま》されてはいけません。運と姓名との関わりは僅《わず》かもありません。

姓名は人間が名付けるもので、あくまでも認識です。つまり本人だと分かる「しるし」つまり記号です。

人間が人間の名前を付けてそれで人生が変わるのなら、この世はもうとっくに平穏無事な世の中になっているはずです。つまり姓名判断上に言われる最良にして最高の画数の名前を皆が付ければよいわけです。そうすれば人生が平穏無事に送れるなら、もう既にそのような人間世界が展開しているはずです。

よい名前が人生を定《さだ》めるなら、そのような名前は公に公表され、改名《かいめい》も容易に認められて当然である訳ですが、しかしそれが為《な》されないのは、姓名は運《うん》の善《よ》し悪《わる》しには関係がないからです。もし姓名が運の善し悪しに関わりがあるとすれば、姓名判断を生業とする占い師自身、幸運の名前に改名して人生を送ればよいわけです。

それが不可能であることを十分知っていながら姓名判断をしたり改名を奨《すす》めるのは、それが商売であるからにほかなりません。

なぜ役所に届けた名前が理由なくして改名できないのか、それは運には関係がなく一人ひとりが認識できれば、それでいいからです。ただその人が何処《どこ》の誰であるかが分かればいいだけのことで、それ以外はそれぞれ個々《ここ》の体裁上《ていさいじょう》の問題だけです。

凶悪な事件を起こした人の名前を看《み》ると、姓名判断上では、最高で最良に属する画数の名前を持つ人も多く、反面画数が悪くて、姓名判断上ではよしとしない名前を持ちながらも世に益する仕事を遣《や》り遂《と》げている人も数多くいます。

もちろん祝福《しゅくふく》を願った名前、将来を託した名前、美しい名前、健康で健《すこ》やかを願うなど、愛情を満《み》たしての好い名前を付けることは論《ろん》じるまでもありませんが、姓名判断による運の善し悪しで以て人生を決めてかかるところに、大きな誤《あやま》りがあるということは認識《にんしき》すべきです。

人生は出処進退《しゅっしょしんたい》、つまり忍耐辛抱《にんたいしんぼう》して時機《じき》を待つというところに人としての養《やしな》いがあります。養うべき時に実力を養わないで、その時機を失った時にあわてて力を付けようとすると、折角《せっかく》生まれながらに備《そな》わった勝《すぐ》れも、その力が発揮されずに一生を終わらなければならなくなってしまいます。ですから運の善し悪しではなく、何事も忍耐辛抱して力を養うことに時を費《つい》やすことが大事なのです。自ら力が養われれば、願わなくても適材適所《てきざいてきしょ》、その望みに適《かな》ったところに就《つ》くことができます。

忍耐辛抱という言葉の内には「時機が来なくても」という意味合いが隠《かく》されてあることを忘れてはなりません。苦しい時にこそ、自分の力を養うことができる大事な時期であることを認識して、日々を過ごすことが大切です。

苦労して苦しんで、苦労した結果が少しでも報《むく》われたら、この喜びでもって自らを励まし、更に上の苦しみに挑戦《ちょうせん》して努力を積むという心掛けのある人が、幸運《こううん》を迎えるのです。

このような心掛けがなければ、運が好くなって幸運を迎えても永く保ち続けることが難しくなります。

天地自然の教え　その一

苦労ごとは皆共通して人生に備わっている

『心が悪事を思えば、地獄に落ちるし、
心が善を思えば、極楽に行く』

これは宗教的な教え
幸福の『彼岸』極楽は、
『得道』を授かって
悟りを開かなくては
いけない

「対人関係で苦労する」「気持ちの安まることがない」「孤独」「神経を労する問題が起きる」「友達に恵まれない」「思わぬ障害が生じる」「周囲の助けがない」「自分の事を分かってくれない」など、人生上には自分に関わってくる出来事が数え切れない程あります。これらは誰にでもあることで、言われれば思い当たる節があります。ですから、占ってもらうその本人からすれば、自分に向かって言われているので、結果的には当たっていると思い込んでしまうのです。

年齢に関係なく人間関係でのトラブルは誰にもあり、苦労は絶えません。

特に精神的に落ち込んでいる時には卑屈になっていて、前進ができない状態にありますから、立ち向かおうとしても恐れが先立って、つい躊躇してしまいます。

心が迷っている時の占いは、判断力が欠如しているので、常識外のことでも受け入れてしまって人生を過《あやま》らせてしまうことが往々にしてあります。

この世は陰陽つまり苦・楽の世界である限りは「苦」が優先され、果せられてあります。従い、人の目から見て幸せのようでも、内に入れば争いがあったり、恨《うら》みつらみがあったりして心の和合がなく、葛藤《かっとう》だけがひしめいているといった火宅の世界ですから、決して壊《こわ》れることのない幸せは、この世に於ては存在しないのです。

幸せな人生も、不幸な人生も、その途《みち》を選ぶのは言うまでもなく、自分自身であるということを強く悟って歩まぬ限り、良い人生を選ぶことはできません。

しかしところが、一人ひとりに生年月日時という誕生の壁があって、人生進むべき途が定められてあることから、仲々容易なことでは幸運を掴むことができないのです。よって人間は、苦しい時にはジッとしてその苦しい時に耐えて決して失望することなく、そしてゆっくりと焦《あせ》ることなく自己の力を養っていくより仕方がないのです。

人間はどのような場合でも失望しないで、苦しければその苦しいことに耐え、困難がめぐればその困難の中を凌《しの》いでいく途を探して工夫すればいいのです。ジッと我慢して自己の力を養い、その力が充分に養われた時節には、自らの力によって困難を解決して前進が適《かな》うということを信じて、決して力を落とさないようにしなければなりません。しかしながらこれは誠に困難なことですが、それに耐えられない人は反省することなく、人を憎《にく》んだり怨《うら》んだり、世を呪《のろ》うということにもなってしまうのです。

孔子様《こうしさま》は常にこのことを戒《いまし》められて、お弟子達に話されています。


人間の境遇《きょうぐう》は常に一定ではなく始終変わるものであるから、人生途上に於ては得意《とくい》の時も失意《しつい》の時もあるが、兎《と》に角《かく》自分の力を養っていなければならない。

力を養って自らその力を用いる時がくれば、これ程幸せなことはない。

またそのような幸運がめぐりこなくても、自らの道を楽しむことができれば他の人がうかがい知ることのできないような大きな喜びを味わえることもあるのだから、先ずは自らを養うということを、人生上の根本として歩まなくてはならない。


と、このようなことを度々《たびたび》教えられています。

天地自然の教え　その二

孚有《まことあ》り維《こ》れ心亨《こころとお》る

この世に於ての幸せは、如何《いか》にめぐりくる障害《しょうがい》を、その苦労を、上手に軽く避《さ》けることができるかという一言に尽《つき》ます。決して油断ができないのが人生である訳ですが、どんなに苦しい目に遇《あ》っても「心が亨る」ということを忘れないようにしなければなりません。

「心が亨る」という信念があれば、如何なる艱苦《かんく》がやってきても凌《しの》ぐことができます。

どの様な困難の中にあっても「心は亨る」のです。

つまり誠心誠意をもって努めたことは、今適《かな》わなくとも、後《のち》に至《いた》っては必ず報《むく》われるということで、今直《いますぐ》の成功とか失敗を論じるのではなく、時を経《へ》て解決する、報われる、成功するという意味です。

誠心誠意をもってしたことは必ず、これを人は認めます。

その努力は決して無駄にはなりません。

いささかでも自分の行動に誠心があれば、たとえ敵が出来たとしても、半面、自分と気持ちが相通《あいつう》ずる味方もできるはずです。それが孤独の中にいてできないということは、要するに自分自身に原因がある訳です。

つまり人の為に尽くす、親切にするという心持ちが足りないか、我《が》が強過ぎて相手に礼《れい》を尽《つ》くさないとか、いろいろと考えてみれば、何処か人に対する心遣いに冷たいところがあって、相手から辱《はずかし》めを受けたりして誰からも相手にしてもらえないこともあります。

要するに心次第で人生は不幸にも、幸せにもなるということではないでしょうか。

普賢経《ふげんきょう》というお経の中に、

一切《いっさい》の業障海《ごうしょうかい》は皆妄想《みなもうそう》より生《しょう》ず。
若《も》し懺悔《ざんげ》せんと欲《ほっ》せば、
端座《たんざ》して実相《じっそう》を思《おも》え。

とあります。

「実際人間が世の中に立って、いろいろな罪を犯したり、間違ったことをする場合が多いが、海の如《ごと》く果《は》てもなく過《あやま》ちを重ねていくということは、何が因《もと》であるかと言えば、それは妄想《もうそう》から起こるのである。

『妄想』とは、自分つまり自己《じこ》を中心として物事を考えることで、人間は助け合い、補《おぎな》い合って、そしてそれを保《たも》って生きていくのが本性《ほんせい》であるのに、この本来の人間の本性を忘れてしまい、自己を中心に考えるということが『妄《もう》』である。

即ち根本に於ける間違いといえる。

この自己を中心とする間違いから様々な罪が起きるのであるから、懺悔《ざんげ》しなければならない。懺悔するにはどうしたらよいかといえば「端座《たんざ》して実相《じっそう》を思《おも》う」よりほかはない。静かに座って、人間というものの本来の性《たましい》はどういうものであるかということを考えてみることである。

よく考えてみれば、人間は一人では生きてはいけない。自分が利己的なことをやっても気が付かないが、他人が自分に対して同じことをしたら自分はきっと不愉快《ふゆかい》な思いをするに違いない。だから他人から仕向《しむ》けられて不愉快を感ずるようなことは、自分も人に仕向けてはならない。

人間の本性というものは、決して銘々《めいめい》が自己を主張して、互《たが》いが孤立《こりつ》していくべきではない。そのように考えれば本当の懺悔ができるはずであると、そのようにお経では教えられています。

いよいよ行き詰まったら自ら振り返ってみて、どうして行き詰まったのか、どうして味方をしてくれる人がいないのか、どうして友達がなく孤独であるのかと、自らの境遇を省《かえり》みて考えれば、心遣いの足りないところがあることに気づくはずです。

相手を慈《いつく》しむ心得《こころえ》を失わなければ、どんな境遇でも「心が亨《とお》る」で、越えていくことができます。それが『道』を得た者の菩薩行《ぼさつぎょう》でもある訳です。

菩薩の菩《ぼ》、苦労の苦《く》、薬《くすり》などの文字には艹《クサカンムリ》が冠《かん》せられています。

この艹は易の⚊、⚋、の組み合わせから来ています。

つまり善《ぜん》の心と悪《あく》の心、清《せい》と濁《だく》、静《じょう》と動《どう》、苦《く》と楽《らく》といった様に相反《あいはん》する働きが組み合わさっている文字である訳です。

人という文字も陰陽ですが、艹もまた陰陽の組み合わせなのです。

陰陽の交《まじ》わりは、この世のあらゆる物事の現れで、人間にあっては苦楽、健康病気、さらに平穏無事、艱難辛苦など心の葛藤を起こす人生模様《じんせいもよう》の源《みなもと》です。

薬の字の上の艹を取れば楽の字になりますが、菩の字は艹、立、口の三つの字からで、口はこの世、因縁因果の苦の世界、その苦の世界の上に立つ、つまり自らを苦難の中に沈めて救霊をする、その姿を表した文字である訳です。
それは草《くさ》という字が、つまり時代劇では草は日陰にいて耐え忍ぶものとあります。
草は踏まれても踏まれても生え、刈っても刈っても生える。
艹《クサカンムリ》を取ると早《はや》い、つまり時を待たずで、日《ひ》の下に一本足で立つが如く十です。
このように菩薩行は敢えてその苦しみを背負い、そして人々を佛の道へと誘うのです。
苦の字の上の 艹 を取れば古の字となります

（口２）【古】教 旨 コ 漢 ふる-い いにしえ

解字 象形。 神を表すかぶり物の形で、神の意、転じて「いにしえ」の意を表す。一説に、十と口の会意で十代も語り継いだ昔の意ともいう。

『得道』には、その 艹 を取り除くところに妙があります。
即ち二（陰陽・人間世界）は一（純陽・極楽天国）に帰すです。

人生明解《じんせいめいかい》

第三十八章

☆　**お便り**

『得道』を授かってこれまで癒《いや》されなかった不安が徐々に回復してきていると、感じるまでになってきました。

今は大学に通っていますが、将来的には不安です。

ただ『道』に出合ってこれまでと違う崇高《すうこう》な世界が存在することが分かったことは、私にとって大きな収穫です。

これまでは人の為になるように学問をして、文明文化の発展に尽くしたいと思い続けてきました。ところが先生の話を聞いて、まこと心が求めているのは文明文化の発展ではなく道の字が示す『首《はじめ》』つまり生命の源《みなもと》『一』を求めて、そして学ぶべきだと知りました。『得道』の時の天道説明では、それを文字で以て説明して下さり幾分か分かりましたが、その折「かけ算」も易だとおっしゃったことを思い出してお手紙を差し上げた次第です。かけ算と易の関わりをご教示《きょうじ》下さい。

道標

文明《ぶんめい》と明徳《めいとく》

文明文化の高まりが人類を幸せにしてくれるものと思い込んでいるようですが、先行きに定まりがない文明文化は、いきつくところまでいくのではなく、目的のない旅路だと知るべきです。

文明という意味は、善《ぜん》、美《び》をめざして人間が作りあげたものと辞典では解釈されています。しかしここ数年の世の中を見ると、決して人間は善を行っているようには思えません。心を癒す為の「美」つまり色や姿象《すがたかたち》を求めて、ただひたすらに走り続けているといっても過言ではないようです。

善も美も「よい」と読みます。

これを陰陽で以てみれば、善が陽で美が陰となります。

天道では修道して人の心を至善《しぜん》に至《いた》らしめること、つまり慈悲《じひ》の心、これを最高の行とします。一方「美」は色や姿象の中に存在するものですから、「ものに執着《しゅうちゃく》する」ことと解釈されます。

善の字も美の字も文字の上は𦍌《よう》で、共に同じです。

𦍌は羊《ひつじ》を意味します。

羊の文字の意味に相羊《そうよう》とあり、逍遙《しょうよう》つまり、さまようの義で、また浮き雲の如《ごと》く拠《よ》る処《ところ》もない憐《あわ》れな様を表すとあり、更に佯《よう》にも通じて、いつわる、とあります。

しかしながら羊《ひつじ》は「祥《しょう》」の意もあり、吉の意味合いもあります。

(ネ6)【祥】常 (示6)【祥】漢ショウ(シャウ) 呉ジョウ(ジャウ) 陽 xiáng ―さいわい

解字 会意形声。祥 示と羊ヤウ(ジャウ)(ひつじ・よい意)とで、神が与える「さいわい」、また、よいきざしの意を表す。

意味 ①さいわい(さいはひ)(福)。めでたいこと。よい(善)。喜ばしい。「吉祥《キッシャウ・キチジャウ》・不祥」②きざし。しるし。前兆。＝象。(ア)めでたいことの前ぶれ。

このように見ますと善も美も、その人の心の行い、その現れが善し悪しを決めることが分かります。そしてその善し悪しを決めるのは、善の場合は忄《リッシンベン》を横にした文字で、䒑《ソイチ》の下に口《くち》つまり陰陽の交わらない、濁りのない、汚れのない口で因縁を生み出さないという口が暗示されています。

因《ちなみ》に艹《クサカンムリ》は⚋陰《いん》⚊陽《よう》が交わっての文字ですから、当然苦《く》、薬《くすり》、草《くさ》など厳《きび》しいものがあります。

陰と陽は純粋でいてこそ、乱れがありませんが、交わることによって変化が生じます。天と地、季節の変わり目、衆生、男と女、会社、家庭・家族、共同事業、団体、組合、交差点など、ものの交わるところには必ず乱れが生じます。

美の場合は、下は大、一なる心を持った人が逍遥する。

つまり心を揺り動かす、さ迷う。

それが美であって、あこがれの的、欲望となり、当然心の乱れが生じます。以上の様な陰陽の交わりの姿象《すがたかたち》を文《あや》とも読みますが、「文明」ともなると、その陰陽上の善いところ、悪いところを判別して明らかにすることが「文明」であるとすれば、中国の古典『大学』にいわれる『明徳《めいとく》を明《あき》らかにするに在《あ》り』と相通ずるところとなります。

そのように考えて人生を歩めば、日々の営みの中にその姿象が大きく顕《あら》われていますから自《おのずか》ら『道』という存在が知れるのではないでしょうか。

天地自然の教え　その一

天地自然の働きは気《き》、気は陰陽《いんよう》そして数《すう》

天地自然が『道』である限りは、当然、人間の生活自体も『道』に順じて行われています。つまり法則に従っているということですが、世の人々は「法則の世界だ」といっても案外、気にも掛けておらず、ピンとこないようです。

極《ごく》自然に生きて、極自然に過ごしているからでしょう。『道』は整然《せいぜん》とした中に存在するところから乱れがなく恐れがない、それは日々の生活に歴然として存在し、慣れ切ったものであるからです。

一日は二十四時間、一月は三十日、一年は十二カ月、その一年には春夏秋冬の四つの季節があり、四年に一度の閏年《うるうどし》が組まれています。

これは極《ごく》当たり前のことで知られていますが、ところがこの循環運行《じゅんかんうんこう》の現象《げんしょう》が、陰陽《いんよう》の気の働き、つまり道の働きであることを知る人は少ないのです。

どうして何時《いつ》も常に時間が規則正しくめぐるのか、幾《いく》ら寝て起きても明日があるのか、その時の流れが易・陰陽のめぐり、道であることを覚《さと》らずに欲望をたくましくさせて人々は生きています。

常に計算された宇宙の循環運行《じゅんかんうんこう》には数《すう》という数《かず》が関《かか》わっています。

その数《かず》のことを理数《りすう》といいます。

理《り》は「みちすじ」つまり『道』の流れ、働きを意味します。

従い違《たが》うこと、誤《あやま》ることは決して許されません。常に答えは一つです。

ですから理の文字から一を無くすと、埋《まい》となり、この世の存在は無と化してしまいます。

一つのミスも許されない道理《どうり》が私達の宇宙の中に存在しています。その道理が理数といわれ、先天《せんてん》の易より作り出されて、そしてこの世を運行しているのです。理数は、ものや物事を作り出す、科学、理学、医学、天文、地学など世に存在するありとあらゆる分野の文化に必要不可欠《ふかけつ》な存在となっています。

数はこの世の凡てのものの思索《しさく》の上に成り立つ表現、無《む》から有《ゆう》を生ずる原点《げんてん》なのです。

つまり、ものを生み出すには不可欠なものです。その創造《そうぞう》の源《みなもと》が『一《いち》』という原点である訳です易には「一は二を生じ、二は三を生じ、三は万物を生ず」とあり、漢字では一、一画《いっかく》より辞典は始まっており、音《おと》つまり言葉の発生は「あ＝阿」の発音から始まっています。

たし算、ひき算、割り算は『二』という数字に囚《とら》われる必要はありませんが、かけ算は易の文化《ぶんか》、易が数字に化けたもので、かけ算のみが一×一＝一の如く、一からの始まりがあり、計算方法が定められてあります。

易には八八の八卦図表《はっかずひょう》があり、十干十二支《じゅっかんじゅうにし》には六十花甲子《ろくじゅうかこうし》という表があり、かけ算にはかけ算表があり、五十音には五十音表がありますが、これらは凡て『道』の働きを示したものです。

易は宇宙の森羅万象《しんらばんしょう》の働きを⚋《いん》と⚊《よう》の爻《こう》の記号で以て状況《じょうきょう》を読み取る学問ですから勿論かけ算も易である以上、宇宙の真理がくまなく含まれていなくてはなりません。

易より誕生した理数を以てものを造り出す、測《はか》る、量《はか》る、計《はか》るといった計算が成ります。

それが、たし算、ひき算、かけ算、割り算です。

その計算方法の根本と為すものが円、その円周は約三百六十とされています。

三百六十×三百六十＝十二万九千六百、この数字は地球が太陽系宇宙をめぐる円周の数です。その宇宙の円周に合わせる為に地球上では、緯度《いど》三百六十・経度《けいど》三百六十を定め、方位や周期数《しゅうきすう》を定めて法則に応じさせています。

一年は春夏秋冬・春分、夏至、秋分、冬至の四季八節、それを更に細かく分けている二十四気、七十二候は円周三百六十度内に均等に振り分けて自然という寒暖の気・気象を循《めぐ》らせて、一年の気候をつかさどっていく訳ですが、毎年五日と三刻《こく》が余ります。

これを気盈《きえい》といい、実際の一年は三百六十五日と四分の一、故に四年ごとに閏年《うるうどし》を設《もう》けて円周を調整《ちょうせい》していますが、天の法則・理数はあくまでも三百六十で以て計算されます。

孔子様の論語《ろんご》に「天何をか言《い》うや、四時《しじ》行《おこな》われ百物育《ひゃくぶついく》す」とあります。

つまり天の道の行われているのをよく見るが宜《よ》い。

天は何も言わないが、春夏秋冬の季節は違《たが》わず行《おこな》われ、そうしてあらゆるものを育てていく、という意味です。

天地自然の教え　その二

一《いち》は万殊《ばんしゅ》に散《ち》り、万殊《ばんしゅ》は一《いち》に帰《き》す

一元十二会先天八卦図

元会積成図

	元 (12会)	会 (30運)	運 (12世)	世 (30年)	年 (12月)
元	1				
会		12			
運			360		
世				4320	
年					129600

易・陰陽も理数の数も、時の流れつまり気のめぐりを読み取る訳ですが、易・陰陽は見えぬ気の流れを読み取り、一方理数は計算によって象《しょう》を形《かたち》にするところに妙《みょう》があります。

この世の凡ての物事は数の上に成り立っていると、このように考えていきますと、数はとてつもなく不可思議な働きをするものだと知れます。

先の図は三百六十×三百六十＝十二万九千六百という数を宇宙の円周上に十二支、十二等分して配置した図です。

東洋では刻《こく》・日・月・年・世《せい》・運《うん》・会《かい》・元《げん》と、その時間の流れの積み重ねに対して段階的に区切りを付けています。

つまり十二カ月で一年、その一年が三十年間で一世《いっせい》となり、その一世が十二世となると一運《いちうん》となり、一運が三十運となると一会《いっかい》（一万八百年）となり、その一会が十二会となると一元《いちげん》（十二万九千六百年）となります。

つまり「元」とは天が三百六十度の円を描きながら一周する単位で、宇宙の一元は十二万九千六百年を以て終焉《しゅうえん》しては、また始まるという訳です。

「かけ算表」の八桁までの表を見てみますと以上のようになり、各桁の積の合計数を総合計してみますと千二百九十六、これは三十六×三十六＝千二百九十六、即ちこの数は地球の自転公転数は千二百九十六という意味です。

1×1〜8×8までのかけ算表

	1	2	3	4	5	6	7	8	合計
1	1	2	3	4	5	6	7	8	→ 36
2	2	4	6	8	10	12	14	16	→ 72
3	3	6	9	12	15	18	21	24	→108
4	4	8	12	16	20	24	28	32	→144
5	5	10	15	20	25	30	35	40	→180
6	6	12	18	24	30	36	42	48	→216
7	7	14	21	28	35	42	49	56	→252
8	8	16	24	32	40	48	56	64	→288

合　計　1,296

1×1〜4×8までの掛け算表　Ⓐ

	1	2	3	4	5	6	7	8	合計
1	1	2	3	4	5	6	7	8	→ 36
2	2	4	6	8	10	12	14	16	→ 72
3	3	6	9	12	15	18	21	24	→108
4	4	8	12	16	20	24	28	32	→144

合　計→360

5×1〜8×8までの掛け算表　Ⓑ

	1	2	3	4	5	6	7	8	
5	5	10	15	20	25	30	35	40	→180
6	6	12	18	24	30	36	42	48	→216
7	7	14	21	28	35	42	49	56	→252
8	8	16	24	32	40	48	56	64	→288

合　計→936

亦《また》「かけ算表」には『一は万殊に散り、万殊は一に帰す』が隠されてあります。

	1	2	3	4	5	6	7	8	9
1	1								
2		4							
3			9						
4				16					
5					25				
6						36			
7							49		
8								64	
9									81

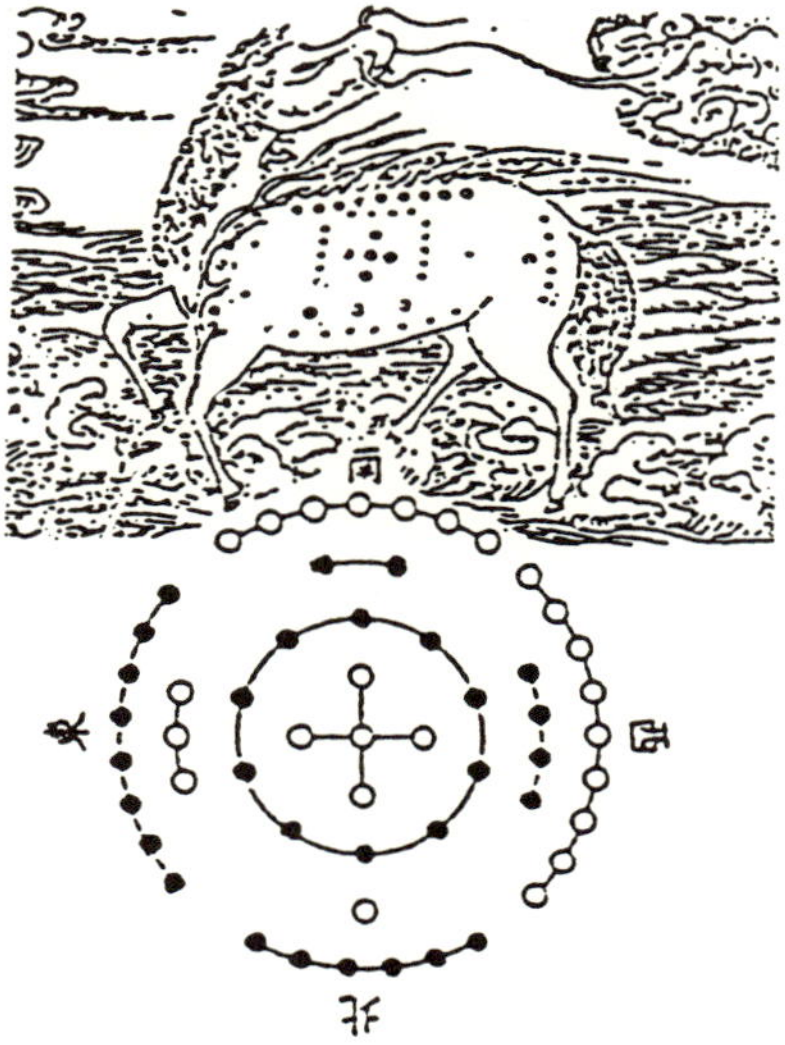

河図十干を生ず図

一×一＝一は易・理数の始まり、文明文化の原点。

二×二＝四は、つまり方位、二と二で以て囲《かこ》います（易に、二で以て方《ほう》を描《えが》くとあります。これによって東西南北、四季八節が定まります)。

三×三＝九は、つまり円、易に三で以て円を描くと、言葉では『方円《ほうえん》を描く』とあります。天地創造に於ては方位が先に定まって、そして全体という円が、つまり宇宙の形が定まったことになります。

四×四＝一六は、河図《かと》での北は〇一《よう》、●六《いん》です。子の会つまり文明の始まりです。

五×五＝二十五は、二×五＝十、十は宇宙の中心を意味します。易学上では「無極《むきょく》の真《しん》（宇宙の中心）、二五《にご》の精妙合《せいみょうご》して凝る。乾道《けんどう》は男《なん》と成し、坤道《こんどう》は女《じょ》と成《な》す」とあります。

六×六＝三十六は、文化が満ち満ちた人間世界。三は気天界《きてんかい》、象天界《しょうてんかい》、地獄界《じごくかい》。九六の六は陰数の最高数。大地の人間衆生を表す。つまり万殊《ばんしゅ》です。

七×七＝四十九は、河図での西は〇四、●九です。『得道』を授かっていく理天極楽の方位、西国浄土を顕します。

八×八＝六十四は、易八卦の終わり「坤為地《こんいち》」光なし。

九×九＝八十一は天の大周天の終わり。理数の終了です。

易八卦《えきはっか》終われば、万殊は一に帰すことになります。

陰陽の気の世界、つまり太陽系宇宙に中心そして上下左右があるように私達の住む象形の世界にも各々中心があり、上下左右が存在します。殊に生命を有するものの凡ては中心を以て、左右または上下に二等分できるように天は創造しています。そのように、天の命で以て創造された形象の世界も、理数を駆使して造られた産物である限り、ものを造り出す、形を測る、距離を計るなどに使用される九九《くく》の「かけ算表」もその例外ではありませんから当然そこにも中心とする数が存在します。つまりそれが五×五＝二十五です。

それを顕しているのが次の頁の図ですが、天地創造の始まり一から九九《くく》八十一の終焉《しゅうえん》までを演出している「かけ算表」、二十五の数が宇宙の中心にあり、八八のかけ算に於ての五の段の積合計は百八十で、これは円（宇宙）の中心の角度百八十度に値しています。

以上のようにこの世の凡ての物ごとは、理を以て循環運行しています。従ってその真理を悟ることができれば、この世創造の源・極楽へ帰することが法則に左右されない平安な境地であることが知れます。

そのような事情を文字で以て理解を乞えば、途は「みち」と読み、人生途上、三途の川冥途を意味して旅の途中を表し、首《しゅ》途《と》とは「始めて旅に出る」という意味ですから、首《はじめ》に戻るには『得道』を授かり、道なる辶《シンニュウ》の宝船《ほうせん》〔天壇《てんだん》〕に乗船《じょうせん》する以外、道はありません。

①の図　九九のかけ算表

	1	2	3	4	5	6	7	8	9	8迄の積合計
1	1	2	3	4	5	6	7	8	9	→ 36
2	2	4	6	8	10	12	14	16	18	→ 72
3	3	6	9	12	15	18	21	24	27	→108
4	4	8	12	16	20	24	28	32	36	→144
5	5	10	15	20	25	30	35	40	45	→180 ⇨③の図
6	6	12	18	24	30	36	42	48	54	→216
7	7	14	21	28	35	42	49	56	63	→252
8	8	16	24	32	40	48	56	64	72	→288
9	9	18	27	36	45	54	63	72	81	
										合計 1296

②の図

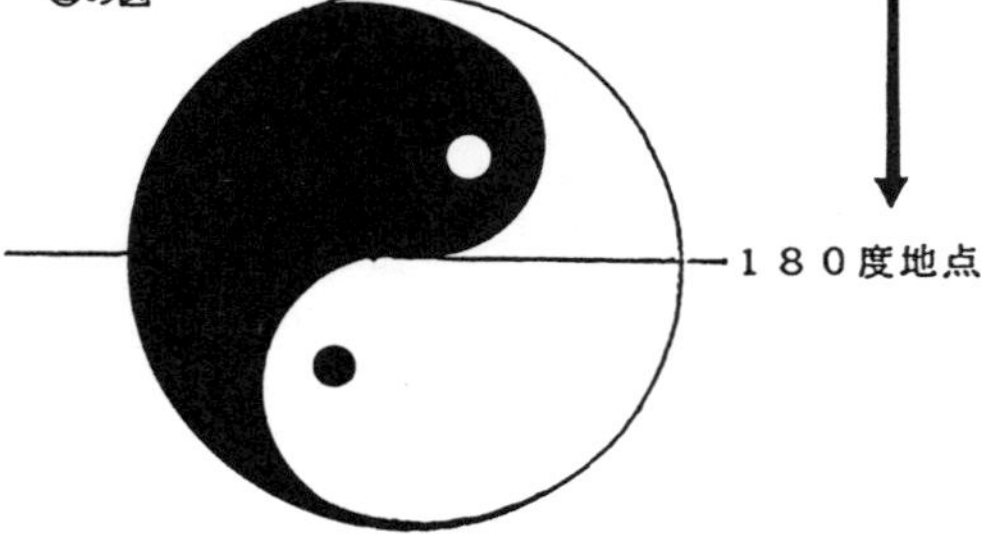

人生明解《じんせいめいかい》

第三十九章

☆　**お便り**

私は過去一年間家に閉じこもっていました。

何をするにも意欲が湧《わ》かず、ただただ寝て食べて、そして起きている時は壁に背《せ》をもたれさせて空を見つめているような状態の日々でした。

そのような中でいつも、なぜ自分はこの世にいるのか、なぜ人間に生まれたのかということばかりを考え続けてきたように思えます。

人間がいやになった訳ではないのですが、何処となくスッキリしないところがあって、意欲がわかなくなってしまいました。

そのような時に母に奨《すす》められて何となく『得道』を授かりました。

それから半年立ちますが漸《ようや》く何かをやって見ようという気持ちになってきました。

先生は母に「先ずは『得道』を受けさせなさい。心の道が開けば、必ず好い結果が出ます」と、おっしゃって下さったそうですね。

「老中様が必ず心の道を開いて下さる」と母はいつも信じていたそうですが、閉じていた心の道が今漸く開いてきたように思えます。

今になって云えることは、求めていたものは、現実とはあまりにもかけ離れていた『心の道』であったようにも考えられます。母と共に会報で以て勉強させていただきます。

道標
大難《だいなん》は『神格《しんかく》』で以《もっ》て

人は皆、自分の人生は自分の力で以て拓《ひら》いていくものだと信じ切って汗水を流しています。だからこそ今日がある訳ですが、若しこの世の仕組み、つまり法則が読めれば自らの人生に唖然《あぜん》とするかもしれません。

心の誕生と同時に一人ひとりの宿命は因果として定まっているので、余程の功徳《くどく》がない限り人生観を換《か》えることは不可能であると断言できます。

精神的な苦しみ、病、事故、災難、禍《わざわい》、更にはどのような配偶者に巡り逢って、どのような家庭を築けるのかといった結婚運や家庭運それに親子、兄弟運そして人間関係、事業運、財運、金運など様々な問題が、一人ひとりの生年月日時という宿命に収まって人生模様を織りなしています。どのような人にもその人なりに、大小の善悪つまり好い運、悪い運が果せられて人生があります。

そして好む好まないに関わらず、必ず悩むように仕組まれて人生を歩まされるのです。

運を鑑定《かんてい》する側から言えば、その人生上で悩む重要な箇所、つまり病で云えば症状を逸《いち》早く見つけて相談に乗る、或は指導することができるかどうかで、その占いの真価が問われます。

人生上の悩みは必ず生年月日時に含まれていますから、悩みを聞かずに、その悩みの病状を見つけ出すことができない占いは失格です。相談者から話を聞いて、そして答える占いは、それは人生相談、占いではありません。今日も、明日も、来年も、その先々も一目瞭然に鑑定ができなければ占いとは云えないのです。それ程人生には定まった厳しいものがあります。

人生を占うことができるのは因縁因果の現れである生年月日時だけです。

それが宿命です。

その宿命上の悪因悪果は「障害」となって人生途上に立ちはだかってきます。

精神的な苦痛を持つ人は、ウツになったりイライラが生じて何も手につかなくなったりものを投げつけたり壊したりして暴れたり、或はジーとして閉じこもったり、それは本人にとってはどうしようもない苦痛でしかありません。

ただ事件を起こさず、人を殺傷しない限りは内輪の中の問題でしょうが、長時間ともなると家族を含めて大変な問題です。また長期療養や疾病、或は難病奇病、それに責任賠償が生じる事故や仕事上の失敗で責任を取らされるなど数えれば切りがありません。

病気や災難がなくても必ずあるのが悩みです。

数多くの悪の因果を背負っての人生、その人生を少しでも軽くする法が因縁解脱と称せられるところの『得道』で、ある訳です。

『得道』は大難を中難に、中難を小難に、小難は無難にするといわれますが、その中には悪因がすさまじくて大難を中難までには持ってこれますが、仲々完全には、消滅させることができないものがあります。そのような場合はそれは功徳が足りないからです。

ただ大難を中難に、中難を小難に、小難は無難にするという意味は、大難なれば先ずは中難にし、そしてその中難を小難とし、そして無難へと消滅させるという意味です。

結果的に見れば、大難も功徳を以て補うことができますから、『得道』以後は道を学び、道を行じて、自らの心である霊の霊格《れいかく》を高めることが求められます。

高めるということは、心は元々精神、神経と称せられるように神でありますから、元の『神格《しんかく》』に戻す心掛けをいいます。

神には悪因悪果はありません。善因善果だけですから、少しでも努力をして『神格』に近づければ近づく程に、悪因は消滅して人としての苦痛は和らいでくるものです。

『得道』はこれまでの絶え間ない輪廻から人心を救い、その霊の苦しみを取り除く訳ですから、決してその後の行は難しいものではありません。

道を学ぶについては老子様の言葉『吾《わ》れ聖人《せいじん》にあらず、学《まな》びて知《し》る』が励みとなります。

また道を行うについては、首の字が示すように「はじめ」は神仏であったことを思えば必ずその身に慈愛の心、慈悲が芽生えて当然です。

慈悲心が育てば、人の苦しみも当然分かるはずですから、衆生を救う為に走るべきです。

衆生の心なる霊《たましい》の苦しみを絶間《たえま》ない輪廻の因果から救うことができる『得道』を伝えて下さい。そして『得道』くださった方のその後の様子をしっかり見つめて、その変わりようを確かめて下さい。

そうすれば自分自身の『得道』の効果が身をもって分かります。

天地自然の教え　その一

逃れ難い因果・宿命

世の中が複雑で理解し難い状況にあっては、仲々頭角を現すことは難しく、力のある者が必ずしも世間に認められるとは限りません。逆に実力がなくても運よくして成功する人も多くいます。

そのような時代に生まれたのですから随分と悩みを抱いたり、困惑したりすることは当然です。しかしいつの世にも人々は悩み、苦しみ、そして平穏無事を願いながら生きています。時に応じて困難や苦労は誰にでも伴うものです。

それを親の責任だとか、社会の責任だとかいって責任を転嫁《てんか》する人がいますが、これは非常に間違っています。霊の輪廻はあくまでも継続ですから、どのような時代にあってもその人生の善し悪しは自分自身が持つ『心』つまり霊《たましい》自体の責任です。

誰しも一生涯には苦しいこともありますが、その苦しみの儘《まま》でつぶれてしまわないで、

立ち上がって、不運の儘では終わらせないという強い信念があれば、どのような困難でも通り抜けていけます。

人生は川の流れの如《ごと》くで、水は平らかであれば波打つことなく、なだらかに流れていきます。しかし地形（因果）の悪い所を流れていく時には、波乱が生じて波立ったり、或は流れを速めて急激に曲がりくねりながら流れたりします。時に溜《たま》って濁《にご》っている所や深い淵《ふち》にはまり込んでしまうと、臭《くさ》みが漂《ただよ》う程に居続けることにもなりかねません。

そのような境遇に陥《おちい》った時、水にもし本性があって、どのような困難にも打ち勝って、大海を目指して流れていくのだという思いがあれば、僅かな隙を見つけてでも流れて出て、そして大海を目指して海の水と一つになっていくはずです。

水は低い方に流れていくという質を失うことがないからです。

人間も本性を失わない限り、どのような苦しみに出合っても、その苦しみを越えてやがて平安な道に到達することが適うのです。人生は先に進めてこそ価値がある訳ですが、先という字は壬《みずのえ》（水）の字と儿《ひとあし》の二文字から成っています。

壬は陰陽五行の水の代表で、池、沼、河川の水、海の水などを意味表しますが、人生に於ては波乱や苦労が暗示されます。その大水が儿の上に乗っかっていますから、人生に波乱や艱難辛苦があって当然だと暗示されています。その不運の中を越えていくだけの努力がありさえすれば、結局は無事を得て平安が訪れると思われますが、その前に因果という壁が立ちふさがっていることを決して忘れてはなりません。

因果は人間の努力だけでは到底通り越せないもの、陰道《いんどう》であるからです。

8

【陰】陰は俗字 ①イン・オン ㊀易学上の二元気の一、↓陽の対、⚋で表わし、地・月・夜・女・柔・静・やみ・内・無形など消極的なもの ㊁北、山の北㊂南、川の南㊃カゲ㋑物のかげで、光線があたらない部分。陰影「—地」㋺見えない部分㋩うしろ。裏。背後 ㊁恩恵㊄月㊅夜 ㊆ヒソかに。そっと。内密に ㊇クモる㊈クモり㊉男女の生殖器「—茎」(十二)男女の交情(十一)めいど。地獄。陰府(十三)浅黒い色 ⑪アン (十四)諒闇《リョウアン》の闇

【三省堂出版・明解漢和辞典より】

辞典に載せられている「陰」の意味が理解できれば、一旦地獄道と縁を結んだ限りは、その苦しみは永続されて苦汁《くじゅう》を味わうことは必然です。

天地自然の教え　その二

覆《くつがえ》すの字は西《せい》天極楽《てんごくらく》へ復《ふく》し帰《かえ》るを示《しめ》す

道になぜ首が乗っかっているのか、その玄妙《げんみょう》は『中心に居て、すべてを廻《めぐ》らす』という神通《じんつう》を持っているからです。それを分かりやすく表現すれば、私達の身体は大宇宙に対して小宇宙といわれますから当然その理屈は持ち合わせています。

つまり人間の身体にも首があり、それも五つあります。

頭、眼、耳、鼻、口を乗せている首が一つ、それに親指、人差し指、中指、薬指、小

指を持つ手首が二つ、そして同じく五つの指を持つ足首が二つで、計五つです。

そのいずれもが五つの物を持して、首を回す、手首を回す、足首を回すといいます。

勿論、道の首も陰陽五行の気で以て天地自然を廻らせてこの世を生成化育して止みません。

道は玄妙測《はか》り知れない霊動《れいどう》を持っていて、それによって天・地・日・月・万物を生育運行・長養《ちょうよう》して永《とこし》えに変わりません。

人間は陰部《いんぶ》から生まれて陰の影響を絶対的に受けていますが、心なる霊は元々その霊動を身に付けているものですから、『得道』を授かって修練すれば、天の元気を取り込んで、霊動の働きを甦《よみがえ》らせることが適います。

陰という字は阝《こざとへん》、今《いま》、云《いう》の三文字で出来ています。

その今という字、云という字は仏という字を組み替えて変化させた文字だと考えられます。つまり今という字の人《ひとがしら》は辞典で見れば亻《にんべん》と同じく人《ひと》として載《の》っていますから人を亻に切り換えて、ラの字をムに組み替《か》えれば仏という字になります。

また云という字の上の二一は陰陽、人という字も陰陽、二一を亻に換《か》えて下のムの字の左に置けば仏の字となります。

仏教での仏・法・僧の三宝から言えば、『得道』なる『正法』を授かって仏に帰依することが、陰道なる地獄道から逃れることができる唯一の道であることが知れます。

また厳しい解釈かもしれませんが、仏の字も心の字も画数は四画ですから、仏《ぶっ》のイ《ニンベン》のノを、心の字の左に持ってきて、丶《いってん》とし、ムを乚にすれば心の形となります。そして心の字の上の丶《いってん》はイ《ニンベン》の丨を心の上に持ってくれば心という字が出来上がります。

仏と心が同じ字原であれば「仏心《ぶっしん》」はまた仏仏《ぶつぶつ》であり、心心《しんしん》でもあります。

陰の字に囚《とら》われた今フと二ムうその字も元を正せば仏仏《ぶつぶつ》ですが、縦に重なって仏の字は二つに分断《ぶんだん》されてあまりにも哀れで、「仏仏」は仏としての資格《しかく》を失っています。『得道』はそのような苦海《くかい》に沈んでいる「仏仏」の二心《にしん》を一心《いっしん》に戻して、仏・仙・神・聖に成道《じょうどう》させる為のものです。

以上のように字を細かく組み替えて一つの字にすれば、陰が意味するところの冥《くら》い地獄道も元々は仏であった「観音羅漢《かんのんらかん》」が過《あやま》ちを犯《おか》して因果を背負ってしまい、そして四生六道の輪廻を余儀なくしていることが分かります。

人間でありながら仏・仙・神・聖の道を得て道を歩めば、どんな苦しい時も泰然《たいぜん》として態度を乱さないでいられます。

これを自己流で云えば「霊《たましい》を覆《くつがえ》す」といいます。

覆の字は西と復《ふく》するです。

もちろん「西」は西国を表し、極楽浄土・天国を意味し、また復するとは復興、復活が暗示されます。それに道標《みちしるべ》の標も西の字が上に乗っており、これもまた極楽浄土・天国への道を示しています。人間は何時どういう目に遇《あ》うか分かりません。

禍《わざわい》に遇《あ》い、被害《ひがい》に遭《あ》って分別を失ったり、見苦しい姿を示すことのないように、『得道』を授かって、苦しい逆運に遇っても、道で以てそれを乗り越えていけるように日頃から功徳を積むことが肝要です。

人生明解《じんせいめいかい》

第四十章

☆ お便り

息子が『得道』を授かって半年が過ぎますが、霊的《れいてき》な影響もなく、今はスッキリとしています。心の病から守護霊《しゅごれい》を求めて、宗教的なところに出入りしたのが、そもそもの間違いでした。

随分と金銭的には苦労しましたが、運の好転を求め続けた息子を不憫《ふびん》に思う余り、先方に言われるままに、辛抱し続けました。

それでも一向《いっこう》に良くならず、先方の為すがままに過ごした数年が悔《く》やまれてなりません。

もっと早く『天道』に巡り合っていればと思いましたが、

「そのような段階があったから、天道に縁が得られたと考えれば悔やむより感謝ですよ！」

と、おっしゃった先生のお言葉嬉しく存じます。

今の息子の姿を見ていると、これまでの息子の人生が嘘のように思えます。

今となっては何ですが、守護霊や守護神という、その実態を教えて頂ければ幸いです。

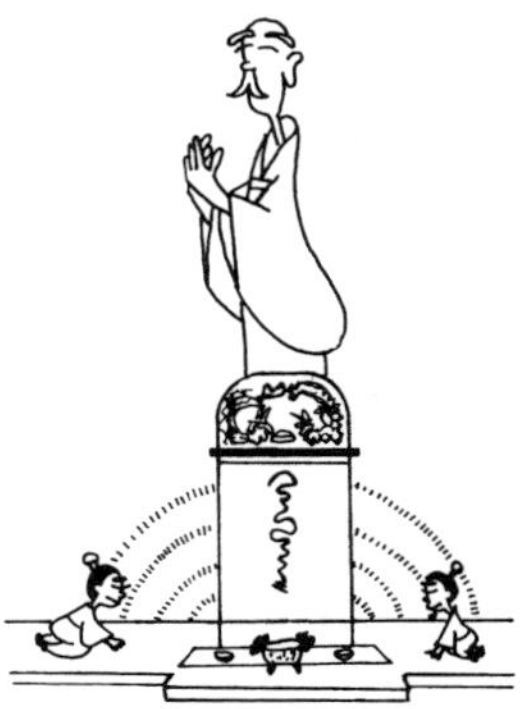

道標

守護霊《しゅごれい》、守護神《しゅごしん》は自分自身

無知なれば、嘘も真実に思えて随《したが》ってしまうのがこの世の中ですが、その姿を『道』で以て言えば「この世は仮《か》りの姿《すがた》」、真実が伏せられて伝わっているとしても、それを見抜けぬ限りは仕方がありません。

これまで、過った道の伝えが真実として伝えられて幾久《いくひさ》しいものがありますから、今更にして正しい『道』に改めることは不可能な状態です。

そこで私は人の欲心を交えない漢字で以て「真実」を伝えていますが、何せ伝えるには世の中は限りなく複雑で汚《けが》れていますから、道の伝えは極僅かな人に限られてしまいます。

その僅かにご縁が出来たのですから、私も、あなた様ご家族も、謹んで老中様に感謝申し上げましょう。

吉凶禍福というものは外から与えられる、と思うのは愚《おろ》かなことです。

吉凶禍福は元々自分自身に備わった「宿命」でありますから、赴《おもむ》くままに自由にできるというものではありません。要は人が羨《うらや》んでも羨まないでも、その分《ぶん》に安んじて、そしてその境遇《きょうぐう》に安んじ、どのような小さなことでも全力を打ち込んで、それが世の中の役に立つと信じることで喜びとするようになれば、必ずしも世間的な地位とか境遇とかいうものに執着する必要はないのです。

つまり吉凶禍福を外に求めないで、自分の心の持ち方によって苦しい状況を苦しくないようにするということが「仮りの世」に降ろされた、私達霊《れい》なるものの行《ぎょう》なのです。

人の心というものは精神、神経と称するように元々神という存在である訳ですから、自らが修養して『神である』ということが自覚できれば、当然そこに守護霊または守護神が存在することになります。つまり自分自身が守護霊であり守護神でもある訳です。随《したが》って自分は人間であるから宗教に頼るのか、自分は本々神であるから道を求めるのかということになります。

その「真実の道」を明らかにする『得道』は、天の秘密の『法』でもありますから、天の道を信じるというようなことも『道』を得てはじめて分かることです。『天の道』を得ぬ限り、仮の世界の仮の真実を真実として、迷という人生を歩まなくてはなりません。

霊という字には、雨という字が冠《かんむり》として被《かぶ》さっています。

雨は天から降るものですから、当然霊人《れいじん》なる私達も天から下《くだ》ってきたという謂《い》われがそこにあります。そこにきて霊の旧字、靈《れい》の字が示すように霊界《れいかい》は三つに分かれて、太陽系宇宙に存在しています。気天界、象天界、地獄界の三つです。

とりわけ、人間は「万物《ばんぶつ》の霊長《れいちょう》」と称せられて、以上の三界に存在する霊の中では王の位に位置する地位身分が与えられています。

そのように見えない部分が知れると、俗《ぞく》に言われる霊能者《れいのうしゃ》なる者は、死んだ霊がとりついて語っている訳ですから、その地位身分は相当に低いことが分かります。

『道』を得て実態が悟れれば、そのような死者の霊を以て守護霊と敬うこと自体愚かです。

それを世間では勝《すぐ》れものとして敬《うやま》っています。

霊なる心は、神経、精神と称せられて、この世に下って来た神そのものでありますから神としての威厳《いげん》を持って、この後の人生に臨《のぞ》まれることが大切です。

神という字は示《しめ》すと申《しん》、申は「のびる」どんどんと、その能力を申《の》ばしましょう。

天地自然の教え　その一

鬼神《きしん》は敬《けい》して之《これ》を遠《とお》ざく

霊界は三つあるとされますが、その中でも神と称せられる界《かい》が気天界《きてんかい》で、そこには気《き》天神《てんしん》そして阿修羅神《あしゅらしん》と呼ばれる霊が居られますが、時期が至れば再び人間界に転生する訳ですから、一時的に天神《てんしん》としての称号《しょうごう》を与えられたに過ぎません。

気天神や阿修羅神の位置に居て人の守護霊或は守護神ともなると、その地位身分は相当に低く低級霊《ていきゅうれい》とされ、罷《まか》り間違えば動物霊《どうぶつれい》の場合もあります。

それは楽《らく》の界《かい》である気天界に永くいたいという欲望の現れから、守護という働きで以て功徳《くどく》を積もうとする、非常に浅《あさ》ましい行為であるからです。

ただ皆さんは三界とは何であるか、その存在すら知らずに、自然の大いなる力を神として畏《おそ》れ、また神として崇《あが》めています。

これは何処《どこ》の国でも同じで、様々な神を拝《おが》んでは福を求めるという習《なら》わしが古くからあります。

歴史的に言えば、堯《ぎょう》、舜《しゅん》というような君主の出る以前から多くの神を認めて、これを祀《まつ》りこれに祈《いの》るという習《なら》わしは既に発達していたといわれます。

過去も現在も多くの神を祀り、そして祈り続けていますが、廟《びょう》も神社も寺も死者を祀《ま》っていることには何ら変わりはありません。

これら多くの神は総括《そうかつ》して「鬼神《きじん》」と呼ばれ、人間が死ねば、その身は死んでも心なる霊は死なないで天に帰るということが古《いにしえ》から考えられていたので、その死んだ者の霊もまた「鬼神」と呼ばれます。

「鬼」というその意味は「帰る」つまり天より人間界に下って来た霊魂《たましい》が再び元の天に帰るという意味ですが、真実の天に帰る訳ではありません。

鬼邪亡霊という言葉があるように、一時的に鬼神と称され、その多くは阿修羅に属しています。

鬼の字は、′《いってん》、田《た》、儿《ニンニュウ》、ム《ム》、の四つの文字で成っています。

鬼の字の一点は亠《ナベカンムリ》、宀《ウカンムリ》の一点と違って、左に流れています。

これは天から下へ伸ばす、至るという意味です。随って天に戻る訳ではありません。

田は易で言えば ☰ 乾天《けんてん》の卦《け》と ☷ 坤地《こんち》の卦とが交《まじ》わった字、つまり陰陽合体《いんようがったい》文字で、東西南北、四方八方といった宇宙の中心を表す字と天道では示唆《しさ》されます。
その下に儿《ひとあし》があります。

儿 にんにょう ひとあし

儿（人）をもとにしてできている文字のほか、儿を目やすにして引く文字を集める。

（儿０）【儿】漢ジン 呉ニン 真 rén ―〔象形。〕人の別体で、漢字の下部を構成するときの字形〕（几キは別の字）ひと。

そしてム つまり私です。
その私が非常に小さくなって隠《かく》れている鬼の字、その姿は人としての善《ぜん》の心を失った象として映ります。
そのような訳で多くの鬼神を認めて福を祈り、また禍《わざわい》を避けることを祈るということが、つまり祀《まつ》りといわれます。

（鬼０）

【鬼】 音キ 尾guǐ おに

解字 象形指事。 人（＝儿。儿は変わった形）が大きな面をかぶって死者にふんするさまで、霊魂の意を表す。

意味 ①おに。(ア)神として祭られる霊魂。祖先の霊。死者のたましい。↕天神地祇《チギ》 (イ)人間以上の力を持ち、目に見えない陰の霊。↕神。(ウ)もののけ。亡霊。幽霊。悪霊。死後祭る者がなく人にたたりをする霊魂。事故死・殺害などに遭って往生できないために、人にたたりをする人間その他の霊魂。また、人に災害を与える 悪い 陰気。(エ)

これは事によると迷信《めいしん》となりやすく、自分が善いことをしないで、ただ鬼神に対して福を求めたり、自分が罪を犯しながら鬼神を祈って禍を避けることを求めるということになれば、人間としての正しい行いが殆《ほとん》ど立たなくなります。

このようになると世の中が乱れて、迷信が迷信でなくなってしまうことを大いに畏《おそ》れた、孔子様は『鬼神《きじん》は敬《けい》して之《これ》を遠《とお》ざく』ということを、弟子達に教えています。

鬼神は死後の霊として存在するものですから、敬うことは大切ですが、此の鬼神にあまり近づいて何でも自分の願うことを盛んにすると、真面目に働く、仕事に力を打ち込んでやるという意欲がすたれて世の中の害となってしまいます。

孔子様が言われた『鬼神は敬して之を遠ざく』という言葉は、鬼神は世の中の弊害《へいがい》になるという戒《いまし》めでもあります。

天地自然の教え　その二

> 神《かみ》の字は真《まこと》の神に非ず、神《ラウム》の字こそ真《まこと》なり

それから「神」というのは「伸びる」という意味で、「伸びる」というのは、その力が伸びて大きくなる。

生きている間は肉体に囚われているから肉体以外に力を伸ばすことが充分にできません。肉体を離れれば、もう物質的な束縛がなくなるので力が大いに伸びていく、その伸びていくということを示すと申の字で以て示しているのが神という字です。

確かに人間に生まれて難行苦行の末、聖者、聖人と敬われる神々が居られ、その方々は天神ではありますが、人の運を左右するということは決してできません。

つまりその方々は神《かみ》ではありますが、神《ラウム》ではありません。神の子です。

真の神は天でもありますから、その天の力が現れて陰陽の二つとなり、そしてその陰陽の力が段々発達してあらゆる物が創造されたと考えると、その天の始まりの一點がなければ、何もない訳で、天があって凡ての物が存在する、そうして天は永遠に存在して凡ての物を護り、凡ての物を治めるのです。

その神の里《さと》の文字の旧字、里の字にも申の文字が存在し、心なる霊人《れいじん》の行いを監督《かんとく》しています。

人間が善い行いをすればこれに福を与え、人間が間違った行いをすればこれに禍を与えて、その過ちを戒めるのです。

過ちを犯して獣《けもの》として転生《てんせい》した霊《れい》が、神を求めても神は黙《もく》して何も語りません。

黙祷《もくとう》の黙《もく》の字の犬はケモノであるからです。

申《ラウム》と申《しん》の違いは雲泥の差、天地の差で、例えようがありません。

真の守護神は申《ラウム》です。

『得道』を授かって「以心伝心《いしんでんしん》の合同《ごうどう》」の法をいただかなければ、この世に於けるあらゆる災難から逃れる術はありません。

つまり天が人間を監督するということは要するに、行いを監督している訳ではなく、人を幸せにする為です。天は凡ての物を生むと共に凡ての物を護って、凡ての者を幸福にするように力を与えてくれているからです。その中の『悟りの法』を戴く訳ですから、あらゆる災難から護られて当然である訳です。

従って中の命《めい》がない限り、あらゆる神佛《しんぶつ》は万物《ばんぶつ》の霊長《れいちょう》である人間の生きる途に口をはさむことは許されません。

因果《いんが》の縛《ばく》を解《と》かぬ限り、神佛は苦海《くかい》に沈む霊を護ることも、救うことも幸せにすることもできません。

因果律は中の天律《てんりつ》、つまり天が与えた法であるからです。

『得道』に依って因果の縛を解けば、その時から即身成仏《そくしんじょうぶつ》としての天神の資格が与えられるので、理天極楽の神佛は理天極楽の同胞として護ることも、迎えることもできるようになります。

恩師《おんし》・天然古仏様《てんねんこぶつさま》の御聖訓《ごせいくん》に、
斯《か》かる時、五千年の道統《どうとう》は其《そ》の最終の使命を迎えるべく、普渡収円《ふどしゅうえん》・萬教帰一《ばんきょうきいつ》の大聖業《だいせいぎょう》を興《おこ》して、余《よ》弓長《ゆみなが》を世に送りたり。

余《よ》曾《かつ》て、世界に登場せし聖者・君子・賢人への依託《いたく》を受け代表と為りて、今《いま》三界《さんかい》の上にて全衆生《ぜんしゅじょう》を統治《とうち》し求抜《きゅうばつ》するなり。

末法《まっぽう》の世に聖人再来《さいらい》して世を済《すく》うとは、当《まさ》に余《よ》の出現《しゅつげん》すべく豫言《よげん》にして一切の霊脈血流《れいみゃくけつりゅう》が余《よ》の命《めい》の中に注《そそ》ぎ込《こ》まれてあり。

其拠《そこ》には釈迦《しゃか》の血《ち》あり、孔子《こうし》の涙《なみだ》あり、基督《キリスト》の汗《あせ》ありて道統の聖河《せいが》を独《ひと》り余《よ》の大権《たいけん》に由《よ》りて理天《りてん》の法海《ほうかい》に注《そそ》ぎ昇《のぼ》らせんとす。

実《じつ》に余の指《ゆび》に依《よ》りて與《あた》えられし三宝《さんぽう》こそ、古来正法《こらいしょうほう》として崇《あが》められ、古道《こどう》として尊《とうと》ばれ観音《かんのん》の妙力《みょうりき》として託《たく》されし法中《ほうちゅう》の法《ほう》、経中《きょうちゅう》の経《きょう》なり。

如何《いか》に末劫《まっきょう》の水火風の大災難が汝《なんじ》を襲《おそ》うとも、秘法《ひほう》の法力《ほうりき》は魔力《まりょく》を寄《よ》せ付《つ》ける能《あた》わず。

例え、屍《しかばね》が山を造《つく》り血が海を為《な》すとも、汝《なんじ》は平然安泰《へいぜんあんたい》として虚空《こくう》に立ちて其《そ》の惨状《さんじょう》を眺《なが》むるなり。

例え、生死の終焉《しゅうえん》の砌《みぎり》訪《おとず》れるとも、鬼卒《きそつ》の火車《かしゃ》は迎えに来たりて業身《ごうしん》を乗《じょう》ずることなし。

如何《いか》に生生世世《せいせいよよ》、罪《つみ》の限《かぎ》りを堆《うずたか》く積《つ》むとも、非情《ひじょう》の限りを自他《じた》に尽《つ》くすとも、妙法《みょうほう》の徳《とく》力《りき》は得道《とくどう》せし者を悉《ことごと》く彼《か》の極楽彼岸《ごくらくひがん》に案内《あんない》す。

実《じつ》に奇跡《きせき》の中の奇跡、祥瑞《しょうずい》の中の祥瑞にして、現在より未来萬八百年に掛けて、誰一人余《よ》を於《お》いて此《こ》の大権限《だいけんげん》を有《ゆう》せられる者無《もの な》し。

～以下省略～

人生明解《じんせいめいかい》

第四十一章

☆ お便り

『得道』以後、いろいろと勉強させていただいていますが、少々判断がつかない点が出てきましたのでお便りしました。

それは霊魂《れいこん》についてですが、通常は魂《こん》のことを「たましい」と読んでいますが、先生のご本や会報では霊《れい》の字を以て「たましい」と読んで、ふりがなが付けられています。

魂の字はあまり使用されていないように思えるのですが、この点いかがでしょうか。

理の字から一を除くと埋《うず》もれると聞いて以来、字に興味が深まり、注意して新聞など読むようになりました。いろいろと勉強させて頂いているうちに、これまでの生き方が反省させられて一皮《ひとかわ》むけたようにも思えます。

有意義な時間が少しでも多く取れるようにして、残された余生を衰えのないように過ごしたいと思います。

天道に運《めぐ》り合えたことを感謝します。

運命を
全うする。
全うするには
『人が王』
になること。

道標

日《ひ》に新《あら》たにする

『得道』以後、物事がしっかりと定まって、これからの人生に見込みがついてきたという話をよく聞きます。それは天より下ってきた私達霊人《れいじん》はその折、理の『一』、つまり神仏としての位『一』を抜かれて此の地上に下ってきたのですが、今再びとその『一』を『得道』に依《よ》って神《ラウム》様より授かることができた結果に依ります。

理の文字の王ヘンの一番上位の『一』が取り除かれてしまって、土ヘンとなった私達霊人は埋もれるという因果を背負ってしまい、その挙《あ》げ句《く》の果《は》てに、霊《たましい》の故郷である極楽天国に戻ることができない環境に置かれてしまいました。

そのように埋《まい》の土となった私達霊人は、社《やしろ》や寺の字に示されるように生まれては死に生まれては死に、そのつど誕生を祝い、死を悼《いた》み続けて現在を迎えています。

心の故郷に戻る為には埋の字に『一』を得て再び理の文字にしなければなりません。

お便りを下さったあなた様は、先日『一』を得て「理に適う」ようになった訳ですから今後は陽の字が示すように『一』より下は「勿《なか》れ」ですから、この世の物事に囚われることなく努めて余生を過ごすことが大事です。

ところが御存じのように、この世は常に動くものですから、少しも静かな時はありません。凡ての物事は絶えず進んでいかなくてはならないものですから、その進むことが止まれば、その時から衰えていきます。これは人間の働きでも、社会でも国でも同じことで、絶えず進んで絶えず新たになってこそ、永く栄えていけるのです。

性命《せいめい》ある限り、同じ状態にいるということは決してあり得ません。例えば物を習うのでもその通りで、始終手習《てなら》いをしていれば字が幾らかずつか上手になりますが、一旦止まれば、その止まった日から少しずつ下手になっていきます。

何事もその通りで少しずつでも進歩していかなくてはなりません。

進歩が止まればその止まった日から退歩《たいほ》が始まります。

ですから退歩することを防ぐには、絶えず進歩していくように心掛けなくてはなりません。

『日に新たにする』ということを昔の聖人が教えているのは此の処のことです。

尤《もっと》も人間の身体は四十を過ぎれば幾らかずつ衰えていきますが、心の働きは自分で気を付けていけば、幾ら年老いても衰えないで済ませられます。

何か一方に秀でた人は、何処までも自らを修めて自ら新たにするということを怠りません。字を書いたり絵を描いたりする人でも大家と呼ばれる身分でいても、常に研究し、また修養を続けていると聞きますが、半面心掛けの衰えた大家は次第に技倆《ぎりょう》が落ちてしまって世の中から疎《うと》んじられてしまうようになります。

ですから何事も億劫《おっくう》に思わないで、自分にその心掛けがあれば必ず『霊なる心』の修養が進んで、終には古《いにしえ》の聖賢《せいけん》にも劣《おと》らないような徳を具《そな》えることも可能となります。

天地自然の教え　その一

霊《れい》も魂《こん》も「たましい」ですが、内容が違います

霊の旧字は靈で、下に巫の字があるのは神の使い、神の子であるという証しです。

（雨7）【霊】㊐（雨16）【靈】漢レイ 呉リョウ（リャウ） líng 青｜たま

解字 会意形声。𩆜 靈 巫（みこ）と霝《レイ》（雫の別体。くだる意）とで、神霊を降下させるみこ、転じて「たましい」の意を表す。一説に、靈が本字で、形声。玉と音符霝《レイ》（清らかで美しい意↓令《レイ》）とで、もと、玉の清らかさの意という。当用漢字は省略形による。

異体 〔灵〕は俗字。〔灵〕は俗字・簡化字。

意味 ①みこ（巫）。「思二霊保一兮賢姱」〔楚辞・東君〕②かみ（神）。「神霊」③**たま。たましい**

（鬼4）【魂】㊐ 漢コン 呉ゴン 元 hún｜たましい

解字 形声。 鬼（死者）と音符云《ウン（コン）》（たちこめる意↓雲《ウン》）とで、死者の体から立ちのぼる「たましい」の意を表す。

意味 ①**たましい**（たましひ）㋐人の生命をつかさどる精神。人の精神の主である陽の精気を魂、肉体の主である陰気を魄《ハク》といい、死ぬと魂は天にのぼり、魄は地上に止まると考えられた。

旺文社・漢和中辞典より

『得道』を授かれば、陰部《いんぶ》の月の十字、両手を広げて星の位置の十字、そして眼横鼻直《げんおうびちょく》の太陽の位置の十字、その三点を結べば王の文字となると説明していますが、霊の文字の解字《かいじ》に見られますように、その象形文字《しょうけいもじ》には巫が王の文字でもあることがうかがい知ることができます。

お釈迦様の『正法』の正の字も、『法』を授かることで以て、字の真ん中を十字にすれば王の文字となると既に述べています。

漢字の歴史は神々の時代、象形文字からで、その象形文字が原形となって漢字が作られそして今現在では字数が少なくなって常用、つまり日本に於ては当用漢字となっていますが、漢和辞典にはその漢字の流れは歴然《れきぜん》と記されています。

天道は真理ですから、理屈で以て何事も解き明かして、真実の『道』を証明しています。天から下った神《ラウム》の子、『心なる霊』と称せられる霊《たましい》は純善《じゅんぜん》で汚《けが》れが無く、純粋《じゅんすい》無垢《むく》そのものですから、汚れを嫌って霊の正門・玄関の奥にとどまり、その姿を現すことはありません。一方「たましい」と称せられる魂《こん》は、生命が誕生して暫《しば》らくして魄《はく》を伴《ともな》って体内に入ります。

魂は肝部《かんぶ》に蔵《ひそ》み、魄《はく》は肺部《はいぶ》に蔵《ひそ》み、人間が呼吸する陰陽《いんよう》の二気《にき》（大気）に支えられて存在するといわれます。

魂魄《こんぱく》のいずれも呼吸が続く限り体内にとどまることができますが、気が絶えれば魄は亡び、魂は去っていきますが、霊なる心は魂魄がこの世で行った数々の賞罰を背負って、三途の川を渡り六道輪廻へと旅立っていきます。

「天道道義《てんどうどうぎ》」によれば、

「霊《れい》なる心は『本性』と称せられ、教典には「不増《ふぞう》・不減《ふげん》・不垢《ふく》・不浄《ふじょう》」であると謂《い》われ増えることも減ることもなく、垢《よご》れることもなく浄くなることもなく、水にも溺《おぼ》れず、火にも焼かれず、肉体は亡んでも『本性』は亡びません。

一つの霊《たましい》が何百回と肉体を換《か》えているのは、そこに真性《しんせい》がいつも主体となっているからです」

とあります。一方魂魄《こんぱく》の二字は両方とも右側に鬼《おに》の字が左よりも大きく書かれてあります。魂の左の文字は云《いう》ですが、上に乗っかっている「二」の文字を組み替えて、イ《ニンベン》として、下のムの字を右に並べると仏という字になります。

従って魂の字は仏と鬼、つまり魂の心には善《ぜん》と悪《あく》が潜《ひそ》んでいることが解ります。

また魄《はく》の左の白という字は純真無垢、真っ白という意味で、心の純粋さを示しています。その意味は、つまり皇室では祖霊《それい》を天照大神《あまてらすおおみかみ》として伊勢神宮にお祀《まつ》りしていますが、皇《こう》という字に見られますように王の上に白、白は神という意味が込められてある文字が皇である訳です。

随って魄の字は神と鬼、つまり善と悪が潜んでいる字であることが解ります。

以上のように一般的に言われる『心』は魂魄のことで、喜・怒・哀・楽の感情に流れ感能・欲望に耽《ふけ》り、邪念・淫念が生ずるのも魂魄がそうさせるのです。

『本性』は道心とも言い、正道を行う『心』です。

魂は人間の生死と共に肉体に付き、また離れます。

魄は生まれて七七、四十九日にして備わり、死んで七七、四十九日で消え去ってしまいます。魂が強いと魄も強く、魂に霊験があると魄もいよいよ力を増してきます。

魄は常に魂の枠となって魂を補佐し、人間的な感情を有し、喜・怒・哀・楽に変化して肉体に活気を与えます。

『本性』と魂魄は一体性のもので、分けて説明すると肉体以前の心と以後の心となります。従って『本性』と魂魄は不可分の関係にあります。

～～以下省略～～

霊性《れいせい》は本性《ほんせい》と称せられ、真の『たましい』の象徴です。魂性《こんせい》という言葉はありません。

また霊には格がありますが、魂には格はありません。

聖凡と同じく霊魂の霊は神仏がこの世に下った姿である訳ですから誤解なきように。

天地自然の教え　その二

当たり前のことを、当たり前にしていく

凡そ人間である限りは、凡てに人心と道心が交じえて具《そな》わっています。

その道心を導き出すのが天道の『得道』でありますが、『得道』を授かっても仲々、自らの道心を悟ることは容易ではありません。

孔子様のこのような言葉があります。

『亡《な》くして有《あ》りと為《な》し、虚《むな》しくして盈《み》てりと為《な》し
約《やく》にして泰《たい》なりと為《な》す。難《がた》いかな恒《つね》あること。』

自分が何も然るべき長所も持っていないのに何か長所を持っているように自負し、またあるように人に見せたり、或は「虚《むな》しくして」――自分の心は空虚で、何も悟っていないのに、「盈《み》てりと為《な》し」――つまり自分は相当実力が養われていると思い込み、また人に対して実力があるように装い。

あるいは「約《やく》」――困っているという意味で、実は困っているのに、「泰《たい》として」――困っていない振りをする。

つまりこれが虚栄であり、虚勢ですが、このような行動をとるのが「魂魄」である訳です。

随い、霊なる心『本性』を「魂魄」の働きから遠ざけて徳に順じていくことが大切です。このような姿が世間の平凡な習わしであると孔子様は言われます。恐らくこれは、孔子様が平生実行されているところの心掛けを、そのまま説き現されたものと思われます。

聖人と言われるようになっても、孔子様は決して修養を怠りませんでした。ましてや聖人でも賢人でもない私達のような凡夫が、仮にも修養を怠ったならば、たちまち退歩していくに違いありません。

聖人の道を守っていくには、絶えず自ら反省して自分の徳を養い、智を磨くということに専念し、少しも気を緩めることなく力を用いなければならないと、よく言われますが、このところはあまり固く考えないで、「当たり前のことを、当たり前にしていく」というふうに考えて、『道』から離れないことが大切かと思います。ごく当たり前のことができないでいる人が多い中、絶えず進歩するということを忘れないようにすることが必要です。

これがつまり「難いかな恒あること」である訳です。

現状に落ち着いていると意義ある過ごし方は望めません。同じ状態が続いているということは好いように見えますが、一歩引いてみると退歩していることが分かります。次第に気力が衰えているからです。それが続くと自分としても、一向に生き甲斐のないことにもなるし、また世の中の為にもなりません。

易に「悔亡《くいほろ》ぶ」という教えがあります。

「転ばぬ先の杖」とよく似た教えですが、早く悔いて実力を養うことに努めるから、それで後で悔やむようなことはないという意味です。

人間は悔いることを知らないと、間違いのみが多くなって、後で悪かったと思っても、もう追い付きません。早く気がつけば行いが改まっていきますし、また修養を積むことに依って、自分の力が次第に養われいきますから、後になって悪かったと思って後悔するようなことも少なくなります。

いつでも力が余っているという位でなければ、その地位つまり安心が保てないのが人間でありますから、力が足りないのに一時的にごまかして過ごしていくということほど、危ういことはありません。

常に反省して実力を養うということを怠らないのが、一生を安泰にする道であると考えます。

人生明解《じんせいめいかい》

第四十二章

☆　**お便り**

これまで幾つかの宗教団体に籍を置いてきました。

精神的に弱いのでしょうか、何処にいっても、皆と同じ考え方では居れないのです。

祈ればいい、感謝すれば報われる、教えに従って行をすれば必ず業火《ごうか》が薄れて人生が良くなるなど、耳が痛くなるほど聞かされましたが、なぜか納得がいかない思いがあって心が落ち着かず疑問が湧《わ》いてくるのです。

写経もし、滝にも打たれました。また読経もしましたが、結果的には自分の求めている平安は皆が求めている平安ではないと知りました。そのような折天道に巡り合って「真理」つまり、ものの理が解らずに、いくら信仰を深めても、それは空念仏《からねんぶつ》と同じだとお教え戴きました。

『悟り』を得て始めて解る道の神髄『一』に付いて更に詳しく知りたいと思います。

『大道の一は
われらの行くべき道』
道に志《こころざ》し、
徳に拠《よ》り、
仁に依《よ》り、

道標
心なる霊と「色即是空《しきそくぜくう》」

『一』なる霊つまり『たましい』は本来無一物《むいちぶつ》ですから僅《わず》かの汚《けが》れも汚《よご》れもありません。随い濁《にご》りもありません。

故に見えません。つまり空である訳です。

『一』に僅かの埃《ほこり》が付いても、それはもう『一』ではありません。ですから、本々霊は『無一物』なのです。

『一』には思念も想念もなければ、勿論誇りも自尊心も執着心もありません。汚れを知りませんから、その『一』なる霊は魂魄が行ったところの、意に反した無慈悲な行為、冷酷な仕打ち、悪行の数々を自らが背負って余儀なく輪廻を続ける結果と成り果てています。

人生が思わしくなく苦しいものであれば『一』なる霊が汚れていて『一』ではないからです。

また業苦《ごうく》で苦しんでいるなら、『一』なる霊が汚れていて『一』ではないからです。

というように考えれば『一』でいることの大事さが知れます。

本来の霊は思慮深く、清廉潔白できれい好きで、正義と善を求め、義理に厚く、ひたむきな律義さを持つもので、他人には親切で誰からも好かれ、泥沼のような世に対応できる性を持ち合わせてはいないのです。

遊びは好きですが、汚いことはせず、品行は方正です。

ただ純粋過ぎて汚れ知らずの為か、時に一事に熱中するところがあります。

その純粋さと進む道が狭いために一度転落すると、とことんまで落ち込んでしまうのです。

『般若心経《はんにゃしんきょう》』に「色即是空《しきそくぜくう》」という言葉があります。

「色《しき》」とはこの世のあらゆる煩《わずら》い、苦しみ、そしてそれらが混ざりあって作り出された業《ごう》果《か》を指します。

その「色」に染まってしまっているのが元来の『空』といわれるところの霊であると
『般若心経』は「色即是空」という言葉で以て言い表しています。

つまり「色」と『空』とが一体となってしまっている霊《れい》という意味です。

本来は神霊《しんれい》、聖霊《せいれい》と呼ばれる程崇高《すうこう》な位《くらい》に居た『天性《てんせい》』と呼ばれるものです。

その天性は「色」の世界に於ては『心』と称されます。

老中《ラウム》様の御聖訓《ごせいくん》に以下のようなことがあります。

『先天性　後天心　妙凝為一』

◎先天《せんてん》は是《こ》れ天性《てんせい》であり、後天《こうてん》は是《こ》れ心《こころ》である。
妙《みょう》をもって一《ひと》つに凝《こ》りかたまったのである。


以上の御聖訓を理解することに依って「色は心、空は霊」であることが知れます。

吾が心即ち『悟』とは忄《リッシンベン》、霊のことで、その忄の所在が天命に依る『得道』によって開かされると、本の純善なる霊《たましい》に回復してきます。

その霊の玄関、その場所を『般若《はんにゃ》』といいます。

つまり『般若心経』とは、後天の心が本の霊に回復するところの場所が『般若』つまり霊が極楽に戻る玄関がある事を教えているお経です。

故に眩《まぶ》しいという字は、目と玄関の玄である訳です。

『法華経《ほけきょう》』とは、つまり「華《はな》」は極楽を意味し、「経」は『道』のことですから、極楽に戻るには「法」があるということを教えているお経です。

『南無妙法蓮華経』とは、つまり「蓮華《れんげ》」は極楽を意味し、「経」は『道』、「南無」とは悟りの『一』を示し、悟りを開くには『妙法《みょうほう》』があることを教えているお経です。

以上のように世に存在するお経は『悟りの道』を示したものですから『悟り』を開いて、その真理を悟らぬ限りは、お経に語られているところの意味、その神髄は読み取れません。

読経も写経も荒行も何ら『道』の役には立ちません。あくまでも「色」の中です。

『道』は悟りを得てはじめて得ることが適うものです。

老中《ラウム》様の御聖訓に

『先天空　後天色　無為有為』とあります。

◎先天《せんてん》は空《くう》にして無為《むい》、後天《こうてん》は色《しき》にして、有為《うい》であることを知《し》るや。

『本而空　始而終　理所当然』

◎本《もと》は空にして、始《はじ》めがありて終《お》わりがあるのは理《り》として当然《とうぜん》である。

天地自然の教え　その一

因縁解脱《いんねんげだつ》と『観自在菩薩《かんじざいぼさつ》』

理の字から『一』を抜くと埋《うず》もれるとなり、しかも王という字から『一』を抜かれて土に暮らす人間となった訳ですから、その身分たるや言葉にいい表せないものがあります。
その王については、霊《れい》という字の古字《こじ》は靈ですが、一説に𤫊という字が本字と漢和辞典には記されています。

(雨7)【霊】当 (雨16)【靈】 漢レイ 呉リョウ(リャウ) líng 青 ― たま

解字 会意形声。𤫊 靈 巫(みこ)と霝《レイ》(零の別体。くだる意)とで、神霊を降下させるみこ、転じて「たましい」の意を表す。一説に、𤫊が本字で、形声。玉と音符霝《レイ》(清らかで美しい意→令《レイ》)とで、もと、玉の清らかさの意という。当用漢字は省略形による。

霊という字は省略形《しょうりゃくけい》となっていますが、古字の時の靈は、この世霊界《れいかい》に於ては巫《みこ》つまり神の使いとして霊界（口口口＝気天界、象天界、地獄界）に於て役目を果たすという意味からでしょうか、更に靈は人間世界に於て人民を治め指導し、そして『道』に導くという徳の高い王《おう》様の靈という意味でしょうか。

『老《ラ》中《ウム》真書《しんしょ》』に

「凡《よ》を貪《むさぼ》り、性《こころ》を迷《まよ》わし、紅塵《よ》に貪恋《どんれん》して帰宮《かえ》らざるに非《あら》ずや」とあります。

それに答えて、

「諸仏祖《しょぶつそ》つまり靈《れい》は、性《こころ》を迷《まよ》わせ 靈《たましい》の故郷《ふるさと》・極楽《ごくらく》に帰ることができなくなってしまっています。皆《みな》、華《はな》やかな世界に落ちてしまって、生死《しょうじ》を繰り返しては張家《ちょうか》の男《なん》、李家《りか》の女《にょ》とその姓《せい》を変え、輪廻して心《こころ》性定《さだ》まらず停《とど》まることがありません』

と、弥勒仏《みろくぶつ》は嘆《なげ》いて答えます。

この世に於て「色」に溺《おぼ》れて巫《みこ》であること、王であることを忘れてしまっているのが、今の人々の因果です。

故に因縁という「色《しき》」を深くして止まないことから、三界から抜けることができずに輪廻を繰り返し続けて止む処をなくしています。それはつまり三界に落ちてしまった『二』なる霊人《れいじん》が囗《ほうりん》の中に囚《とら》われてしまっているという姿、それを如実《にょじつ》に表している文字が因縁の因である訳です。霊という字は今では省略形となっていますが、雨の字の下の一《いち》は、三界《さんかい》は一列《いちれつ》という意味で、そして並ぶとなっています。

本来王であるはずの霊《れい》が、今では一列に並ぶ霊人となり果ててしまっています。今此処に天道は『得道』によって、三界輪廻《さんかいりんね》の因縁にもがき苦しむ人々を明師《めいし》の一竅《いっきょう》で以て因《いん》の囗《かこい》を破り、中に在《あ》る大《だい》を解放せしめ、そして自由自在の身にさせる大聖業を行っています。

つまりこれが『観自在菩薩《かんじざいぼさつ》』ということの意味です。『観』とは、心中に思い浮かべて本質を悟ることで、三界輪廻の中に居て因縁に翻弄《ほんろう》されていては本質を悟ることはできません。つまり『観自在』とは因縁因果を持たず、何にも影響を受けない、変化を受けないという意味です。

そのように自由自在の身になってこそ『菩薩』、靈《みこ》であり霊《おう》であることが認知《にんち》できるのです。

天地自然の教え　その二

『得道』と『行深般若波羅蜜多時《ぎょうじんはんにゃはらみったじ》』

純真無垢で純善なる靈、その字の冠《かんむり》に雨を戴いているのは、天から降ってきたという証しです。

易では雨を降らせるのは『龍』、その龍は易に於ては一番最初の卦《け》「乾為天《けんいてん》」に語られています。「乾《けん》」は無論天を表します。

天が凡ての本ですから、易に於ては天についての解釈が一番に出てきます。

天の働きというものは非常に健全で、如何なる場合でも滞るとか或は休むとかいうことはないので、聖人は易で以て天の働きを示し、そしてそれを手本として人間の道を立てています。

天の働きそのものが『王道《おうどう》』である訳ですから、道を得たところの龍について孔子様が言われるには『龍《りゅう》には徳《とく》がある』と。

つまり龍が空を翔《かけ》って雲を起こし雨を降らせ、地上のあらゆる物を潤すと同じように、己に徳があり力があっても、それを誇ってはならない。世に知られなくとも少しも不平に思わず、また何も求め欲しがらず、そしてそのような中にあって少しも煩悶《はんもん》というものがないと、孔子様は「本当に力のある人は、何時でもこれだけの覚悟を持っている」と謂われます。聖賢はそのような心掛けで以て、暗中《あんちゅう》に難行苦行を行って天に昇ることを目指しました。

また聖人釈迦は、誕生直後七《なな》歩《ほ》歩《あゆ》み、右手を上げて天を指し、左手で地を指し、そして『天上《てんじょうてん》天下唯我独尊《がゆいがどくそん》』と謂《い》われたと伝えられています。

これは決して「天上天下《てんじょうてんが》ただ我独《われひと》りが尊《とうと》い」といった訳ではありません。天上の「上」と天下の「下」という字を互いの字の『一』で以て繋《つな》げば上下という字となるという謎かけの言葉であると理解できます。つまりこの世に於いて私は、天と地を結ぶところの尤《もっと》も尊い『法』を持っていると謂う意味です。

（ト３）【卡】〔一〕漢ソウ（サフ）呉ソウ（ザフ）〔二〕カ　〔合〕qiǎ kǎ ——

〔解字〕会意。上と下を合わせて、道の上下する要所の意を表す。

〔意味〕〔一〕①関所。(ア)警備兵をおいた交通の要所。

その法は『正法《しょうほう》』と称します。

更に上という字を下に、下という字を上にして、今度は縦《たて》の｜でもって繋《つな》げば卡という形になりますが、下の字の丶を移動すれば正という字になります。更に下の字の′を以て中央を『一』の字にすれば王という字にすることができます。『正法』によって王の位を得れば「人は全《まった》きを得《え》て、そして運命《うんめい》を全《まっと》うする」ことが適います。つまり全の字は人《ヒトガシラ》と王《おう》でありますから。

これを『行深般若波羅蜜多時』といいます。つまり『正法』を授かった瞬間、これまで六万年間の修行を終えて『道』を授かった訳ですから「行深《ぎょうふか》くして」となります。「波羅蜜多《はらみつた》」は正法を授かって、涅槃《ねはん》を証《しょう》するいう意味です。その悟りを開く、霊《れい》の正《しょう》門《もん》・玄関《げんかん》を「般若」と称します。「時」は『正法』を授かった時という意味です。

『正法』即ち『得道』によって根本の『一』を得る、その天の秘密儀が、今お経に託され、字に託されて、混乱《こんらん》の世に於て明らかに開《あ》かされます。つまり開眼です。『道』の字の首は「始め」と読みますから『得道』は『道』の根本を確立する法である訳です。

老中《ラウム》様の御聖訓に

『本確立　而道生　諸般安穏』
◎根本が確立してこそ、そこに道理が生じ、諸般《しょはん》が安穏になるが、
『失根本　而末治　未曾有観』
◎根本を失って尚、末が治まることは未《いま》だ曾《かつ》て観《み》たことがない。

人生明解《じんせいめいかい》

第四十三章

☆　お便り

『得道』以後いろいろと勉強させて頂いていますが、『得道』の折りは、『道』というもの自体が何であるか、どのようなものであるか、分からずに『道』を授かりました。

しかしよく考えてみると、生かされているということが『道』に依るものですから、今にして思えば無知も甚だしいと恥じ入るばかりです。

それも『得道』の後いろいろと教えて頂き、そして知った訳ですが、その知識の中に入ってみると、今では「聖賢《せいけん》の道《みち》」が、これ迄の人生の中で最も胸打つものとなっています。また「色即是空・空即是色」の解釈に感動しました。

少しでも因縁に依る業《ごう》をなくして、そして純真無垢《じゅんしんむく》な靈《たましい》、つまり「空《くう》」に立ち戻れるように努力してみようと思います。

つきましては天道でいわれます「三厭五葷《さんえんごくん》」、つまり食してはいけない肉類、野菜類があるとお聞きしましたが、なぜ食してはいけないのか、その理由を教えて下さい。

四《し》生《しょう》に
だけは、
生まれ
変わりたく
ないよね！

道標

聖賢の道と「王道《おうどう》」

『道』は大宇宙を創造してこの方、森羅万象《しんらばんしょう》を以て万物を生み出し、そして生成化育《せいせいかいく》してきました。しかし今日に於ける高度な文明文化の成長は間接的には『道』に依るものですが、人の道としての真《まこと》の『道』ではありません。『途』に依って生きる人間自体の利欲、つまり便利さを求めての造作物であるからです。『道』は人間に智慧《ちえ》を与え、そして化育しますが、思念、相念は人間自体に備わった霊自体が抱くものですから、その智慧や知識に依って作り出されたものが今日の文明文化である訳です。

そのような中にあって人間は、本来神としての自覚に目覚めることが使命であるのですが、人間自らが作り出した善悪に依る因果と、そしてその折々の喜びや楽しみといった欲望が神としての目覚めを遠ざけてしまっています。それが為に「色」つまり因縁を深くしてしまって、輪廻の繰り返しを余儀なくし、苦しみに喘《あえ》いでいます。

ですから聖人賢人は天地の働きを観て、これを手本として人間の道を立て、そうして道に久しく順じていくことで以て因果の汚れを取り除き、純然たる元の靈《たましい》に立ち戻ることを示唆しています。此のような聖賢の道を靈の文字の王をとって「王道」といいます。随い天地の間に身を託している者は、天地に依って養われているという恩を忘れてはならないのです。天と地の能力に依って養なわれなければ、私達は一日といえども命を全うすることはできません。此の天地の大恩というものを考えれば、何とかして自分も善い働きをして此のご恩に報いなければならないということを決して忘れてはなりません。

そうして静かに志を養い、どのような境遇にあっても、少しでも人々を導いて世の中を善くしたいという思いを始終《しじゅう》持っていることが大切です。

例えば誰でも知っている通り、お釈迦様は王様の子でしたが、親の位を継いで国を治めるということに力を尽くせば、勿論明君《めいくん》として仰《あお》がれるべき人でした。しかし、その国王の地位を捨てて八十までも教えを広めることに全力を注がれたのです。

これは世を厭《いと》うというような簡単な意味ではありません。

王宮に居て煩《わずら》わしい生活をしていては、人生の本当の意義を究め尽くすことはできないので、釈迦は王宮の煩わしい生活を離れて、真に全力を打ち込んで「一体人間は何の為に生きているのか」という、此の大問題を解決することに一意専心したのです。

それが出家《しゅっけ》の動機《どうき》である訳です。ただ単に世を厭うというような簡単なことではありません。『道』を目指すことで人生の本当の意義が解れば、これを以て親を導き、妻子を導くこともでき、一切の人間も導くことができる、ですから釈迦自身の出家は自分一身の為ではないのです。

人生の意義を究めれば多数の人を救うことができる、そのような決心が定まっての出家です。それから三十五の時まで修道を重ねられて、遂《つい》に人生の本当の意義を明らかにされました。そして燃燈古佛《ねんとうこぶつ》から法つまり『得道』を授かって、所謂佛《いわゆるぶつ》という境界に到達されたのです。

贅沢ができるのに贅沢をせず、ただ世の中の人を教え導くことに力を尽くすということは、人間として最も尊いことといわなければなりません。

私達は凡夫でありますから聖人のようなこともできず、勿論神仏との距離は非常に遠いのですが、志は一歩でも近づきたいと思うことが大切です。

三《さん》厭《えん》五《ご》葷《くん》

どのような地位にいても栄華《えいが》を貪《むさぼ》らず、どのような境遇にいてもそれに負けない志があれば如何なる累（因果）も、こらえ忍ぶことによってやり過ごすことができます。累が及ぶということに関しては、人間社会に居る限りあり得ることで、それも苦労なくしてやり過ごすことはできません。

私達は不意に失意のことに出合ったり、何か大きな出来事に遇うと、実に見苦しい態度を示しますが、平生から修道に励んでいれば、どのような失意の時にも泰然《たいぜん》として、『道』の者としての徳性《とくせい》を現すことができます。

人の一生には自分の思い通りになることもありますし、ならない時もありますが、日頃から学徳《がくとく》していれば「累《るい》より遯《のが》れて亨《とお》る」で、失意の場合でも平穏無事に乗り越えていくことができます。平生の学徳が足りないと、何か不遇の場合になると、忽《たちま》ちにして世を呪ったり人を咎《とが》めたりするようになり、誠に一生が意味のないものになってしまいます。

平生の学徳に依る修道ほど大切なものはありません。

その修道の筆頭に修養が挙げられます。中庸《ちゅうよう》の心も道徳心《どうとくしん》も礼儀《れいぎ》礼節《れいせつ》もその凡ての行いは修養に依るものですから『心を養う』ことが大事である訳で、その学徳心を惑わす物が「三厭五葷《さんえんごくん》」と称する食べ物、肉と野菜です。

三厭の厭《えん》という字は黄帝の命を受けて、当時の象形文字を基にして、初めて漢字を作った人は蒼頡氏《そうきつし》という臣下《しんか》ですが、厭と肉という文字は、その作った数多くの漢字の中でも特に優れた文字として黄帝《こうてい》から賞賛されたといわれます。

つまり厭の文字は厂《がんたれ》、日、犬、月の四文字から成っています。

日は太陽を表し、天道を意味します。

その天道に乗っかる厂は空に飛ぶ鳥、雁を意味し、犬は獣《けもの》、月は陰で水に潜《しず》む魚を意味し、厭は厭《あ》きる、厭《いと》う、厭《いや》がると読みます。

（虫は古《いにしえ》では食する物ではなかったのでしょう。ゲテモノと称されますから）

天道ではなぜ「三厭」を食さないのかといいますと、つまり霊がこの世で肉体を得る物に、人間・動物類・鳥類、魚類、虫類があり、人間以外のそれらの四種の道を四生《ししょう》と称し六道輪廻を含めて「四生六道《ししょうろくどう》」といいます。

なぜ四種の道から人間を除くかといえば、人間の霊は六道の一つで、王道にありますから、罪を重ねた結果の四生は避けるべき道であるからです。六道に入ればいずれ人間に転生が適いますが、四生に入ればいつ人間に戻れるかしれません。

この世に存在はしても肉の字にみるように「一つの家の中に二人の人が居て、お互いに食い合う姿を表す」という意味から、人《ひと》、人《ひと》であっても動物類・鳥類・魚類に転生すれば、食されて他の生物の生命を永らえさせる役を担うことになります。そのようなことで、輪廻に於ける罪深き霊の肉を食することを忌み嫌う訳ですが、殊天道では聖賢の道を目指す訳ですから、因果の縛《ばく》から逃れることが使命となります。

そのようなことから言葉遣いに次のような意味合いがあるので厭《いや》がります。馬鹿《ばか》、頓馬《とんま》、犬畜生《いぬちくしょう》、虫《むし》けら、旅烏《たびがらす》、豚野郎《ぶたやろう》などがあり、次のような意味合いの言葉があります。

心猿《しんえん》→欲望に乱され、心が落ち着かないこと。

意馬《いば》→心が煩悩《ぼんのう》や情欲《じょうよく》の為に動いて抑《おさ》えにくいこと。心猿意馬《しんえんいば》。

烏合《うごう》の衆《しゅう》→規律《きりつ》、団結力のない寄り集まり。

豕心《ししん》→豚《ぶた》のように欲ばりで恥を知らない心。

豕視《しし》→豚のような目つきでものを見る。

豕突《しとつ》→いのししのように向こう見ずにつっかかる。緒突《ちょとつ》の意。

豕喙《しかい》→貪欲な人相をいう。いのししのような長く鋭い口先。

犬《いぬ》　→つまらないもののたとえ。

豚《ぶた》　→愚《おろ》か者のたとえ。

鳥喙《ちょうかい》→鳥のくちばし。人相上、貪欲な性質の人。

鳥鈔《ちょうしょう》　→鳥が盗み食いするように、人のものを掠《かす》め取るさま。

魚潰《ぎょかい》→魚が腐れ崩れる、転じて国家の内部崩壊。魚は内部から腐り始めるのでそういう。敗軍の乱れ、逃れるさま。魚潰鳥散《ぎょかいちょうさん》。

禽獣行《きんじゅうぎょう》→人の道に背く行い、不倫の行為。

鳥獣行《ちょうじゅうぎょう》→人として守るべき道から外れた行い。

牛鬼《ぎゅうき》→頭が牛の形をした鬼神《きしん》。牛の怪物。顔のかたちの醜《みにく》い形容。

牛歩《ぎゅうほ》→遅い歩み。事が進まないこと。

そして「五葷」ですが、葷《くん》は、においのある野菜。ねぎなど、臭気のある野菜のことで、またからい野菜のことをいいますが、天道では修養を行う上に障害ありとして「五葷」つまり葱類《ねぎるい》に属する五つの種を指定して食することを禁じています。つまり葱《ねぎ》、薤《らっきょ》、韮《にら》、蒜《にんにく》、浅葱《あさつき》のことですが、これらの名称の漢字の頭には艹《クサカンムリ》が被《かぶ》さっています。苦《く》から艹を取れば古《こ》、薬《くすり》から艹を取れば楽《らく》の文字になるが如く、艹は土に根を張って忍耐強く戦う意味合いがあり、卑《いや》しい、上等でないという字義があります。

さらに各五葷の文字から艹を取って解釈すれば、

★葱《ねぎ》の字は怱《あわて》るとなり、心の上の匆《そう》は、あわただしい、いそがしい、あわてる、いそぐの意となります。

★薤《らっきょ》の字は一《いち》に非《あら》ずと歹《がつ》、つまり地上の上にない、非ずで、歹はくずれた骨、残骨を意味し、肉の削り取られた人の白骨体の形象で、ばらばらの骨という意味とあります。

★韮《にら》の字は非となり、そむく、わかれの意。

★蒜《にんにく》の字は祘《さん》となり、かぞえる、よくみて数えるという意味ですが、示《しめす》が並んでいます。示は神そして先祖を祀《まつ》る台、神棚《かみだな》を表すとありますが、示が並ぶことに依って「多く」となり神、先祖が互いにいがみ合い背き合うことになります。

★浅葱《あさつき》、あさつきの「つき」は葱《ねぎ》のことです。

以上のように聖賢の道からいって避けたいこと、やってはいけないこと、それに心の乱れ煩悩、欲、貪《むさぼ》り、欲情《よくじょう》などの感情の数々が「三厭五葷」の動物、鳥、魚、葱、薤、韮、蒜、浅葱といった、その形容を文字にして啓示されているところから察してみれば、食することの愚かさが理解できます。

天地自然の教え　その二

その道を久しくして

世の中の物事は絶えず変化し続けていますが、その変化するという中にあって、決して変わらないという『道』が具わっていなければ、いくら変化しても変わったという役立ちがありません。つまり春夏秋冬という季節の変転は終始変わりますが、しかしその順序は変わりません。春の次には夏が必ず来て、夏の次には必ず秋が来ます。一足跳びに春から秋になるということは決してありません。

このように変化しながらも、この世は定まった道を保って時と共に久しく流れています。恒《つね》に一定の道が存在しているという有様を見ると、天地万物の発展繁栄は『道』に依るものだとよく解ります。つまり絶えず進歩するということ、絶えず発展するということの中に、変化することのない一定の『道』が存在するということを最も大切な教えとするのが『聖賢の道』です。ですから聖賢は「その道を久しくして」功を急がず、又怠りなく能く自らの心を養っていくのです。ですから自分の一旦立てた志を何処までも変えないで、一貫した努力、つまり成道《じょうどう》を目指して打ち込んでいくことが大切です。

孟子《もうし》の書に次のような教訓《きょうくん》があります。

『人間には天爵《てんしゃく》と人爵《じんしゃく》というものがあります。仁義《じんぎ》忠信《ちゅうしん》というような徳を具えて、それでも尚怠らないで「善《ぜん》を楽《たの》しんで倦《う》まず」と』

解釈すれば、

『何処までも自分の修養に力を尽くし、やがては聖人賢人というような者になりたいと願って、勉《つと》めて学《まな》んで息《や》まないという心掛けがあれば、この心掛けこそが「天爵」、つまり天が与えたところの王道、靈《たましい》の位というべきもので、これほど尊いものはありません。

それから公卿大夫《こうけいたいふ》（首相、大臣、知事、役人、政治家）など、位の高い地位にいる者はこれは「人爵」で、人の与えたものに過ぎないのです。人の与えたものは、また人がこれを奪うこともできます。しかし天より与えられたものが自分に具われば、これは人の力を以て奪うことのできるものではありません。

であるから「天爵」は、『聖賢の道』というものが根本であって、「人爵」というものは自らこれに従うものと見なければならない。それ故に聖賢は「天爵」を修めて自分の徳を養い、天道の行いに励むことに力を尽くすのです』。

『得道』を授かって「天爵」を得ても修養しなければ、その尊い性もだんだんと亡びていくよりほかはありません。

随い、自らその「天爵」を棄《す》ててしまうことにもなりかねません。

第四十四章

☆ お便り

幸慈会報を楽しみに過ごしています。『得道』を授かるまでの人生は悩みの連続でした。他人から見ればそう大した悩みではないと思いますが、自分の能力の無さに恐れを抱いて過去を思い、仲々前に進めなかったのです。世の中に打ち解けて親しむ、その余裕がないほど精神的に落ち込んでいました。

その私が道に縁を得て、今では人に対する劣等感や世間に対する恐怖心もなく、何もなかったように仕事に出掛けています。

以前はちょっとしたことでも身体が萎縮し、手が震えて、外に出ないことが時折ありましたが、今は全くありません。そのような私を見て友達は、変わったと言います

会報を幾度も繰り返して読み、読み取れる限りは胸に仕舞い込んで繰り返し復習しています。ただそれだけのことですが、勇気百倍で過ごしています。

聖人の道を、その教えをこれからも学んで、心を養い、力をつけていきたいと思います。

博《ひろ》く学《ま》びて、篤《あつ》く志《こころざ》し

道標

西南《せいなん》に利《よろ》し、東北《とうほく》に利《よろ》しからず

前の方に行けば水があって、此の水を越えねばならぬと艱《なや》み、後ろへ下がろうとすれば山があって閊《つか》えているという具合で、進退共に窮《きゅう》する場合があります。

このような困難に於てその困難の中を越えていく心意気が堅固であるか、或は乏しくなってしまっているかに依って人生の方向づけ、つまり運が決すると考えなければなりません。ですから常に険を越える、困難を克服するという心を養うことが大切です。

易《えき》の「蹇《けん》」という卦《け》に於て『西南に利しく、東北に利しくない』とあります。西南という方位は、易では坤《こん》「地《ち》」を表します。東北という方位は艮《ごん》「山《ざん》」を表します。

従い西南の方へ行くのは利しいとは、平坦な土地をいくように勇ましく進んで、平穏を求めていくという意味となります。

東北に行ってはならぬ、利しくないということは、後ろに下がれば山は険しく益々困難になると言われます。つまり退歩的な考え方ではいけない、何でも進んで、困難に打ち勝つようにしなければいけないということです。それ程困難でなかった昔が恋しいというような、そんな引っ込み思案ではいけないと、易はそう教えています。

また太陽の運《めぐ》りを考えてみても、太陽は北から東の方へ廻って行って、そして東から出ます。そうして東に出た太陽は天の中央から南の方に廻って、西に没《ぼっ》します。それからまた夜の間に北の方に廻って行って、朝になると東の方から出ます。勿論太陽は不動で、地球の公転自転で以てその様になるのですが、地球から見てそのように考えられる訳です。ですから西南に行くのは自然の順序であって、東北に行くのは逆ということになります。東北の方から西南の方に進むのが正しい道であって、西南の方から東北に行くというのは逆に戻るので、その道を失うことになります。

人間のすることもその通りで、何でも困難に打ち勝って先へ進まなければなりません。困難の無かった過去を恋しがっているようなことでは、到底進歩はできるはずはありません。

また別の方面から考えれば、物事に疑いが起きるということがしばしばあります。例えば学問を研究していても疑問が起きますし、親子兄弟の間でも、何かのきっかけでお互いが疑いを起こすことがあります。また友達同士の交際でも疑いが起きることがあります。

凡てこのような疑いが起きた時に、疑うのは良くない、疑うことがなかった昔に戻りたいという心持ちを起こす人もありますが、その疑いが起きた時に、疑わない過去に戻ろうとしても戻れるものではありません。そのような場合はその疑いを解決するように努めるよりほかはないのです。

どうして疑いが起きたのか、何が原因であるかをよく考えて、そうしてその疑いの起きた原因を除くように努めて研究を重ね、その疑いを解いていけばいいのです。疑いの起きた時には後へ戻らないで、その疑いの中を通り抜けて先へ進むという決心が必要です。それには無論勇気を要します。

また疑いを解決するについては多くの努力を要しますが、その努力を厭《いと》うようではいけません。何でも人間は、努めずしてよい結果を得られるものではありません。

悩むということは、却って将来の好き機運を作る本であるというように考えればいいのです。

天地自然の教え　その一

功を急がず

孟子《もうし》の中に艱難を越えて、立派な事業を興すについての心得が述べられています。

孟子が言うには、道というものは一つしかないと、つまり人道に於ては王道というもの以外に正しい道はないといわれます。

一時の成功を希つて覇道《はどう》（仁徳《じんとく》によらず武力、権力、謀略《ぼうりゃく》によって天下を支配すること⇔王道《おうどう》）などに堕ちてはならないと戒めています。

先王《せんおう》の道を以て天下を治めるというほかはない。これは非常に難しいことのように世の人は思いますが、しかし難しいからといって正しいことを捨てては道にはならないので、どんなに骨が折れてもこの正しい道に依らなければなりません。

その決心さえ堅固であれば、どんな艱難を冒《おか》しても、王道を行うことができないはずはないのです。

齊《せい》の国の勇士に成見《せいけん》という人があって、この人が齊の景公《けいこう》という君主に言うには、

「自分は誰にも負けるとは思わない。世の中に勇士だといって知られている人がいてもそれは一丈夫《いちじょうぶ》であり、一人の男である。自分も同様に一人の男である。男と男と相対する場合に於て負けるはずはない。自分が大いに奮発していけば、向こうがどんな勇士であっても、相手を倒すことは必ずできる」。

そう言って決心を語っています。

これはただ腕力を比べるだけの話ですが、しかし如何なる大事を成し遂げるにも、これだけの決心がなければなりません。

また孔子《こうし》の中で殊に勝れていた顔回《がんかい》という人は、大変穏やかな人のようであるけれども、非常に勇気のある優れた人で、ある時、

「舜《しゅん》は何人《なにびと》であるか！　昔の聖人といわれるが、しかしそれも一人の人間に過ぎないではないか。我は何人であるか。自分は舜より後に生れた者であるけれども、やはり一人の人である。同じく人である以上は、努力次第に依っては昔の舜と同等になれないはずはない」

そのようなことを顔回が言っています。

確かに何事もその通りであって、何とか奮起して大なることを為そうと思う者は、これだけの覚悟を持たなければならないのです。努力さえすれば何人にも負けないと。

同じ人間であるから、人にできることが自分にできないはずはないという決心でいけば、必ず大事を成就することができるに違いありません。それが為にも修養に力を尽くし、才を養い、智慧をも磨いてそうして更に実力がついた時に進んで事に臨むことが大切です。力が足りなければ幾ら功を収めようと思っても功を収めることができないので、自分の力の足りないことに気づいたら、逸早く自らその力を養うことに努力するほかはありません。

実力があって時機を待っている心掛けがあれば、必ずその時が来るし、或はまたその時が来ないでも修養ができていれば、自然に周囲の人に感化を与えていくこともできますから、何よりも自分の力を養うということを根本としなければなりません。

努力を重ねるという決心さえあれば、後には必ず認められて功を成し、世の人の手本として仰《あお》ぎ見られるようになります。

ですから決して功を急いではならないのです。

天地自然の教え　その二

聖人《せいじん》と愚人《ぐにん》の異《ちが》い

力を養うことについては、随分と昔からいろいろな人の教訓がありますが、唐《とう》の時代に韓退之《かんたいし》という人が出て、此の韓退之が『師《し》の説《せつ》』というのを書いています。それに依りますと、如何なる人でも師を求めて日々の修養に力を用いなければならないということが説かれています。その中に言ってありますには、

古《いにしえ》の聖人《せいじん》　其《そ》の人《ひと》に出《い》ずるや遠《とお》し。猶且《なおか》つ師《し》に従《したが》いて而《しか》して問《と》う。
今《いま》の衆生《しゅじょう》　其《そ》の聖人《せいじん》を去《さ》るや亦遠《またとお》し。而《しか》るに師《し》に学《まな》ぶことを恥《はじ》ず。
此《こ》の故《ゆえ》に聖《せい》は　益《ますます》　聖《せい》にして、愚《ぐ》は　益《ますます》　愚《ぐ》なり。
聖人《せいじん》の聖《せい》たる所以《ゆえん》、愚人《ぐじん》の愚《ぐ》たる所以《ゆえん》、其《そ》れ皆此《みなこ》に出ずるか。

解釈すれば、

昔の聖人といわれるような人は、はじめから勝れているわけで、生まれつき普通の人とは異なっています。ですから物事を学ぶ必要もないかと思われますが、実際はそうではなく、生まれつき勝れている上に師を求めてその教えを受け、その学んだところを始終実行することに力を用いています。それ故に生まれつき勝れた人が益々勝れてくる訳です。然《しか》るに今の世の中を見ると、聖人とは非常に距離の遠い平凡な人が多いのに、その平凡な人間が皆師に学ぶことを恥じて修養を励まないということで、生まれつき平凡な人間が、何時まで経っても進歩するということはないと、そう言われます。

それで聖人は益々徳が盛んになります。

聖人でありながら尚、修養を積んで励んでいくから、益々勝れが増します。

愚人は益々愚かになるばかりです。

愚かなる者でありながら修養を怠っているから智慧もだんだん晦《くや》んでくるし、また分別もつかなくなっていくのです。

それで聖人はどうして聖人になったか、愚人はどうして愚人で止まっているかといえば全くこの異《ちが》いがあるからです。

即ち聖人は勝れた人であるのに修養を励むし、愚人は愚か者でありながら修養を励まないから、ここに於てその距離の隔たりが、非常に大きく顕《あら》われてくるのです。そのようにして聖人と愚人の開きは時と共に隔たりが大きく広がり、その楽しみ方にも異いが現れてきます。

聖賢の道を学んでいる者は如何に不遇の境遇であっても、これが為に自らの心を動かすことはありません。どんな境遇の中にも楽しみというものがあることを忘れないのです。孔子の言葉に『疏食《そし》を飯《くら》い水《みず》を飲《の》み』――不味いものを食べて水を飲んで暮らし、疲れた時には肘《ひじ》を曲げて枕《まくら》とするような境遇でも心に楽しみがある。自分は聖賢の道を学んで心に恥じないところの行いをしているのだから、これが大いなる楽しみである。

またそのように道を楽しんでいる人には、必ずその徳を慕って教えを求めてくる人もいる。であるから、豪華な生活ができなくとも、志を同じくする人が互いに道を語り合う、その楽しみというのは、世俗の人には到底窺《うかが》い知ることのできないものである。

従って孔子はその晩年に於ける自分の心持ちを次のように述べています。

学《まな》んで時《とき》に之《これ》を習《なら》う、亦《また》　説《よろこ》ばしからずや。
朋《とも》あり遠方《えんぽう》より来《きた》る、亦楽《またたの》しからずや。

『学んで時に之を習う』というのは聖賢の道を学んで、始終それを繰り返し繰り返し習って、自分の徳が日に日に進み、そして自分の智も益々明らかになるように努める。

それは実に大いなる心の悦びである。またそのように聖賢の道を学んでいれば、必ず『朋あり遠方より来る』で、遠くからも訪ねて来て、共に道を究める者もいる。遠くから来るくらいであるから、無論近くからも訪ねて来る。遠近を問わず道を求めて来る者が大勢となるので、そのような心持ちの人を相手にして聖賢の道を究めていくことは実に楽しいことである。世間的な楽しみを以てこれに代えることは到底できない。

そのようにおっしゃっていると解釈されるのです。

なかなか孔子のような境界に到達することは、普通の人にはできませんが、これを理想としていけば、どういう境遇の中でも安らかに越えていかれることは疑いのないことです。

殊に道を得た天道人は、そのように心掛けて歩みたいものです。

人生明解《じんせいめいかい》

第四十五章

☆　**お便り**

『得道』を授かれたこと、感謝致します。

これまで霊的《れいてき》な向上を目指して、いろいろとやってきたおかげで『得道』が授かれたと自負しています。

しかし『悟りを開く』という『法』が実際に存在していたことについては、非常な驚きで、日が経つにつれて動揺が隠せません。それに赤ちゃんであっても、誰れでも授かれると聞いて驚きました。そして天道説明を聞き、悟りの眼を開いて頂いた瞬間、目からウロコが落ちた感じがしました。

これまでの修行やその為の教義は一体何だったんだろうと考えると、疑問は残りますが、それはそれとして、更に霊的な向上を目指して頑張りたいと思っています。

『得道』以後そのように考えておりますが、宗教上に於て教えられているところの、霊的な向上と天道での教えの違いなど、いろいろと教えて頂ければ幸いです。

光《こう》明《みょう》は霊の正門・玄関から現れる。

道標

一般宗教と天道との異《こと》なり

宗教界つまり一般に教えられている霊的な修行法は「瞑想」にあります。

瞑は辞典に見ますと

（目10）【瞑】㊀慣メイ　漢ベイ　呉ミョウ（ミャウ）　㊁漢ベン　呉メン　㊀青 míng　㊁先 mián　㊂霰 miàn

解字 会意形声。↓冥《ベイ ミャウ》・（くらい）

意味 ㊀①目をつぶる。(ア)まぶたを閉じる。「瞑想」(イ)しぬ（死）。安心して死ぬ。②**くら**ーい（ーし）。よく見えない。＝冥《メイ》・暝《メイ》　③めくら（盲）。「耳目聾瞑《ロウメイ》」〔晋書・山濤伝〕㊁①ねむる。＝眠《ベン》　②芊瞑《センベン》は、うすぐらいさま。＝仟眠《センベン》　㊂↓瞑眩《メンゲン》故に土の下、お寺に死後お世話になるのですが、その想の字は相と下に心です。

相の字が示すところは、

（目4）【相】㊜㊎ 呉ソウ（サウ） 漢ショウ（シャウ） 日漾xiàng 二陽xiāng｜あい たす-ける

解字 会意。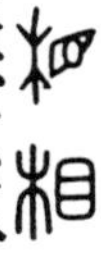 目が木と向かいあうさまで、よく見る意、ひいて、かたち、転じて、相互、「たすける」意に用いる。一説に、形声。音符は桑《サウ》（あきらかの意→章《シャウ》）の省略形。

意味 日①みる（視）㋐よく見る。観察する。

字は人の気持ちを一切入れず、その真意を語っていますから、信仰に於ける物事の意味合いを字に因《よ》って解き解いていけば、その真諦《しんてい》が浮き出てきます。

そのようなことから「瞑想」には、霊的な向上はなく疑問符が付けられます。しかしなぜそのような過ちが世間一般に通ってきたかと申せば、先人に『道』を悟った人がいない中で、悟りを開かせようとするところにあります。

つまり宗教界の長老自身が悟りを開いたかのように似せて、独自の修練法、坐禅法などに依って、心を齊《ととの》える効夫《くふう》や調息治病《ちょうそくちびょう》など、種々の法を引用して導いてきたからにほかならないからです。

霊的といえば超越的な力、透視、予知や預言、更に符《ふ》を書き（護摩符《ごまふ》・護摩木《ごまき》）、呪文《じゅもん》を誦《とな》え、山や木々を拝み、仏像を礼拝し、塔を立て、星相《せいそう》を卜《ぼく》し、人病を癒《いや》し、数を算えて吉凶を推測するなど、よく過去、未来の吉凶禍福を知り、霊験なること神の如《ごと》しでありますが、いずれも永遠の命・超生了死《ちょうせいりょうし》を得ることは適いません。

これらは霊としての超人的なものを求めたもので、幽《くら》い途《みち》での満足に過ぎないからです。『道』からいって正しいことではありません。

相の下に心を置く、瞑想はいかがなものか、天道では案じられます。案の字は安堵、安心の安に通じます。その安の文字の下に木、木は陰陽五行《いんようごぎょう》の『一』を示しますから、『一』の上に安心があります。

『得道』は『一』を得る『悟りの法』です。俗宗教ではその『一』を形にして、神通力を描き出そうとしますが、『一』は書き写すことも、形に描くこともできません。つまり『一』は天地自然の働き『無』に通ずるからです。影も形もないので、見れども見れず、描けども描けないのが悟りの『道』です。

もし『得道』を授かり瞬時にして『一』を識《し》り得《う》れば（頓悟《とんご》）、或は『一』を描くことができれば、その人は神仙《しんせん》の位《くらい》を得て生と死を超越《ちょうえつ》することができます。

形象を求めて霊的な位を向上させるか、或は無を求めて靈としての最高峰『王』を目指し、そして不老不死の神仙の位を得て長楽《ちょうらく》の極楽に暮らすか、それは道と途の違い、天国と地獄の違い、そこに天道と一般宗教との異なりが伺われます。

天地自然の教え　その一

宗教上の『瞑想《めいそう》』と天道での『守玄《しゅげん》』

『一』は本来、形象はありませんが、

春夏秋冬の四季を通じて常に光明を放つことができます。

この玄中《げんちゅう》の妙《みょう》、妙中《みょうちゅう》の玄《げん》を知り得る人があれば仏法を学ばずとも神仙《しんせん》になることが適います。故に天道では『得道』以後「守玄《しゅげん》」を奨励《しょうれい》して霊《れい》の正門《しょうもん》・玄関《げんかん》をしっかりと守り、そして心を齊《ととの》えて『道』に過ごします。

(玄0)【玄】当 呉ゲン 漢ゲン 先 xuán ― くろ-い

解字 象形。 もと黒く染めた糸の形で、こいめの黒の意、ひいて、おくぶかい意。

意味 ①くろ。くろ-い(-し) ㋐こいめの黒色。㋑赤黒い色。㋒青黒色。天空の色。「玄象」②とおい(遠)。遠くてかすか。③奥深い。深遠な。「幽玄」④しずか(静)。「玄黙」⑤奥深い道理。「玄理」⑥道家が説く天地万象の根本の道。⑦きた(北)。北向き。

宗教では「瞑想」しますが、天道では『守玄』をしますから、目の横は玄《げん》となり、眩《まぶ》しいという字になります。

眩の字の意味は、まぶしい、くらむ、まばゆい、奥深く知りがたい＝玄とあります。

玄の字の意味の中に、きた（北）北向きと書かれてあるところからみて、お釈迦様の涅槃《ねはん》は北向きであったことでも、その悟りの極致は『守玄』にあることが知れます。

天地自然の働きというものは声も無く臭いも無く、何処にどう在るのか判りません。しかし天の道は絶えず行われて、春夏秋冬の季節も違わず、日月の運行も変わりません。

実に「至《いた》れり」で、これほど大きな働きはありません。それに天には声がありません。地にも声がありません。黙々としてこの自然というものは終始行われて無限です。人間もそれを見習ってその通りにやれば、形に溺れることもなく、何も人に示そうと思わないでも、『道』を得る徳さえあれば自然にその徳が外に現れるものです。自分に誠心があれば、その誠心が自ら人を動かすのです。霊験をたくましくして超能力を得ようとすることは間違っています。徳が大切です。

孔子は徳について次のように語っています。

『強いて人を動かそうとしないでも、自分に誠心があれば、『道』を得て徳が具《そな》わりさえすれば日々平安にして人は必ず導くことができます。人を感化しようと思わないでも、道を学び道を行じていれば、人は必ず徳を慕ってきます。決して急がないで、あくまでもその根本を正しくするということでいかなくてはなりません』。

そしてさらに「声色《こわいろ》を以《もっ》て民《たみ》を化《か》する」と。

つまり『言葉を優《やさ》しくして人を懐《なつ》けるとか、姿を正しくして人を畏服《いふく》せしめても、本当に人を感化することはできない。それは寧《むし》ろ末《すえ》のことである。自分に徳が具わってその徳が自ら外に現れ、自分に誠意があって、その誠意が自ら言葉にも行いにも現れてこそ、本当に人を感化することができるのである。ただ形や言葉で以て人を感化しようとしても、それは到底功《とうていこう》が無《な》い』と言っています。

以上が孔子の教えですが、昔から多くの聖賢の教えというものは、皆此の点に於て一致しており、道を得た私達はよく之を学んで、心の根本を正しくするということに努めなければなりません。

聖人のこのような諭《さと》しから考えて、道を求めて、霊格《れいかく》を高めるとか、霊的な能力を求めることは戒めるべきではないでしょうか。

天地自然の教え　その二

赤ちゃんと『得道』

天道では徳を得ること、つまり『得道』は誰でも望めば授かることができます。つまり赤ちゃんでも、老若男女《ろうにゃくなんにょ》誰でも授かることができます。

これは俗世に於ての教えでは非常なる驚きでしょうし、考えられないことです。

これまでの宗教界での行をみても、滝に打たれたり、寒中に於て凍えるような水の中に合掌して漬《つ》かりながら長きを耐えたり、千日回峯《せんにちかいほう》といって高き山を下ったり登ったり、毎日毎日朝晩分厚い経文《きょうぶん》を読誦《どくじゅ》したりして艱難辛苦していますが、それは徳にもならず、ただただ身体を鍛《きた》えているだけで精神の修行とはなりません。

つまり先天無極の真理でなければならないからです。

先《せん》天《てん》無《む》極《きょく》理《り》（先天の心）

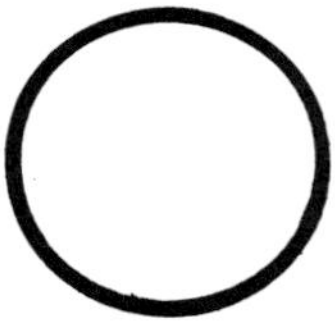

道を得て悟りに至るということは、あくまで静《じょう》でなければなりません。無《む》ですから。禅《ぜん》宗《しゅう》、日本曹洞宗《そうどしゅう》の開祖《かいそ》、道元禅僧《どうげんぜんそう》が書き残された「正法眼蔵《しょうほうげんぞう》」に、悟りを得ることに関

して次のように述べられています。
心《こころ》に常《つね》に採《と》り用《もち》いるところを調《ととの》えることが特《とく》に難しいのです。（ですから、）道を悟った人はほとんどありません。これは心を調えることが非常に難しいためです。

聡明を第一とせず、学問と理解を第一とせず、心と意識を第一とせず、心に念《おも》い、想《かんが》え観る《（ものをよくみる）》ことを第一とせず、向来《（これまで）》のことは一切役立てようとせず、その上で身心《（からだぜんたい）》を調えて道に入るのです。

このようにして只管打坐《しかんだざ》、つまり坐禅をし続けて悟りの境地に至ろうと、古から『無』に至る坐行が為されて、久しく試みられてきた訳です。

それが今も尚「瞑想」は続けられていますが、この先とこしえに続けても悟ることは不可能だといっても誤りではありません。

お釈迦様はありとあらゆる難行苦行を行い続けましたが、結局『悟り』に到達することが適わず、十八年目にして、幾ら艱難辛苦の難行苦行をしても『悟り』は得られないということを悟った時、老中《ラウム》様の命《めい》を受けた燃燈古仏《ねんとうこぶつ》が下《くだ》って、お釈迦様に『悟り』の法を授けたと伝わっています。

そのようないきさつから見れば、艱難辛苦の難行苦行は『悟りを開く』ことに関しては、『悟りの法』以外のなにものも無用の行であることが窺《うかが》い知れます。

以上から見て、道元禅僧の言った言葉を突き詰めて考えてみますと、それに符合《ふごう》するのはまぎれもなく嬰児《えいじ》、つまり赤子《あかご》だけです。つまりこの世の中で悟れる資格を有する者は嬰児だけだということになります。

欲も無く、知識も無く、見つめてもそれが何か何者か判らない、考えることも、想うことも、求めることも、願うこともなく、ただひたすらに眠り、泣き笑いするその天真爛漫《てんしんらんまん》なその姿は神の子そのものです。凡て悟りの条件『無の心』に値します。ですから嬰児は無条件で『得道』が授かれるといっていい訳です。

反対に授かり難いのはいろいろと知識を蓄え持った人達で、こうではない、ああではないと反論しては、親神の『道』に対して訳も分からずに無視し続けています。まことに愚かなことです。

人は知恵がつき始めると、それに順応して拒否反応が次第に目覚め、そして成長するに従い、その知恵や知識は俗世に染まっていきます。そしてその心は徳を積むことを忘れて、人としての欲求をたくましくして煩悩から逃れることができなくなり、益々『道』から遠ざかることになるのですが、決して心の故郷、極楽との縁が切れた訳ではありません。『無』との縁は日々の眠りの中に存在し続けています。それは眠りに入って、そして眠りから目覚める迄の記憶がない時間帯にあります。その眠りの中に『無』のエネルギー、パワーを頂いているので、元気が回復するという訳です。無限《むげん》、無量《むりょう》、無窮《むきゅう》のエネルギー源は宇宙の本体『無極《むきょく》』で極わまりがありません。安眠すれば気持ちよく、疲れは癒されます。安眠の安のには母の『女』が入っています。

(母0)【母】教 当 慣ボ 呉モ 漢ボウ 有 mǔ は
解字 象形指事。 女（ ）に

霊あるものに眠りがある限り『無』の元気は途切れることなく、凡てに与え続けられます。無《む》生《せい》老《ラウ》母《ム》の別称に阿弥陀佛《あみだぶつ》とあります。阿弥陀佛のことを無量寿、無量光佛と称される所以はここにあります。以上のように凡て霊《たましい》ある者は、老《ラウ》母《ム》様と縁はつながっている訳ですから、人皆悟りを開く『得道』を授かることができます。

『得道』を授かって徳を戴いた道親《どうしん》は以後、幸せ、吉、喜び、嬉しい、嘉、壽、孝などの字が示す、字の上の十字を背負って生きていく訳ですから、当然幸福な人生が約束されますが、意に反して『得道』以後、何らかの思いを抱いて心痛めているなら、それは人として道を外しているか、欲を貪《むさぼ》っているか、猜疑心《さいぎしん》が強過ぎるか、或は徳《とく》積《つ》みが無いか、或は少ないが為です。そこのところは戒めて反省しなければなりません。

人生明解《じんせいめいかい》

第四十六章

☆ お便り

先生とのお付き合いは『得道』を授かってから、この暮れで十三年という年月を数える程となりました。時の経つのは早いもので、その間いくらか、成長したかと考えると恥ずかしい限りで、未練がましく欲の世界を走り回っております。はじめのうちは『得道』を授かって、ただそれだけで自ら道に振り返ることもなく、先生とのご縁を細い糸でつなぎ止めている程度でした。

五十を越す年を迎えてから漸く、自分を見つめ直している自分に気づきました。その時から幸慈会報は私の心の糧となり、滋養となっています。人は人であってはいけない、人は道でなければならないと思うようになりました。

それ以後欲も薄れて、これまでの人生を見つめ直しています。それを周囲の人はまだまだ早いと咎《とが》めるように言いますが、私はこれでも遅かったと思っています。「足りるを知る人生」今は幸せです。

道標

豊《ゆたか》・富《とみ》・福《ふく》は皆一《いち》、口《くち》を含む

多くの人が失敗するのは、己《おのれ》を修《おさ》めることに自《みずか》らの心を用いないで、優先して早く世に出て出世することを望むからです。

豊になる、富める者になる、幸福な人生を歩む、これら皆、人々が求めて止まないものですが、その実態を字に探れば共通して一と口が用いられているところに、その真実があります。

「一口」とは日々足りるを知って、そして田つまり心を中庸（十、中を得て）にして驕《おご》らず誇《ほこ》らずに、常に遜《へりくだ》って心を平穏にするという意味が含まれています。つまりそれは他からもらうのではなく、自身に備わっている真実〔霊《たましい》〕をしっかり身につけることが、一口の田という字の真の意味である訳です。

このような心掛けは決して自身の外に現れるものではありません。豊、富み、福は、意識や行いで以て得ようとする、その心遣いを止めると得ることが適い、手一杯に喜びが湧いてきます。多くの人は富を求めますが、金も物も沢山あるようになると、今度は永くその富を守っていくということが難しくなります。富んでくれば多くの人が妬むようになり、精神的な苦労は免れません。何時までも栄華を保ち続けるということは困難で、折角盛んになっても永くこれを守っていくということは栄枯盛衰の言葉が示すが如く難しいのです。それよりも安らかに自分の徳を養い、自分の道を守っていくということが、本当に自分の生涯を平和に導く道であることを悟るべきです。己の名誉心などを制して安らかに心を養うということが、やがて大きな真実を知り得て、そしてその真実と共に一つとなって心身の解脱を得ることとなるのです。

以上の事柄について一口の田の原点となる文字が因縁の因であるとみることができます。

因の文字の口《わく》から先ず大という文字を解放し、そして更にその大を一と人の二文字にすると、一、口、人となります。口は因縁因果の世界、欲の世界を意味します。

つまり因果の世界から解脱しない限り、豊、富み、福の字に示唆《しさ》されているところの真実、一口の悦《よろこ》びは得ることは適いません。真実の喜びのその感覚、その意識は因縁因果の世界、欲望の世界にいる限りは、決して味わうことができないものなのです。

その道を得てその道が判るように、その世界に浸ってこそ、その喜びが味わえる訳ですから、心がそれを捉《とら》えれば、人生如何に曲がりくねったもの、つまり苦難の人生であってても、波乱の人生であっても、それを一、口、丷、一の豆の字の上に乗せて人生をすれば豊となると字は示しています。

人生苦難、これは当然の宿命です。生きる苦労、老いる苦労、病気で苦しむ苦労、死に逝《い》く苦労といった四大苦を背負って人生はあるのですが、これら人生上のすべての物事は心の知覚に依存して経験させられますが、その心の捉え方一つで生きるに楽、老いても楽、病気をしても楽、死ぬも楽とすることができるのです。

『得道』に依って道の心が悟れれば、因縁因果から脱して一、口の人となる訳ですから、豊、富み、福の字に示唆された経験が約束されて当然である訳です。

自分の心の中に『道』を信じて、いつも道に違わないことを行うという心掛けがあれば自然と自分の行いと『道』とが一致してきますから、その心の徳が言葉にも行いにも現れて、そしてその志が大いに躍動することになるのです。

『道』を修めるには勿論怠ってはなりませんし、また急いではなりません。やがて大なる働きを顕す根本となるのですから、志しある者は常にこの点を深く思い、忘れないようにすべきです。

天地自然の教え　その一

己《おのれ》に克《か》ちて禮《れい》に復《ふく》する

『道』を為すにあまり熱心になり過ぎると、これだけ一生懸命したのにどうして効がないのかと思い、焦るようなことがあれば心が乱れてしまって、折角の修行が何もならなくなります。また精進しないでいい加減にして置けば、だんだん怠け癖が強くなって、いつまでたっても得るところがありません。

何処までも努力しなければなりませんが、心に弛《ゆる》みのないように急がず焦らず、また怠らず何時でも中庸《ちゅうよう》を得た道を以て進んでいけば、必ず自己と『道』とを隔てているところの関を越えて形に囚われない真実を実証することができます。

その為にも「己に克つ」ということが先ず大切です。

孔子の弟子の顔回《がんかい》が孔子に『仁《じん》』を問うた時に、孔子がこれに答えて、

『己《おのれ》に克《か》ちて禮《れい》に復《ふく》するを仁《じん》と為《な》す。
一日《いちじつ》己《おのれ》に克《か》って禮《れい》に復《ふく》すれば天下《てんか》仁《じん》に帰《き》す。
仁《じん》を為《な》すは己《おのれ》に由《よ》る、人に由《よ》らんや』と、

人間には私という情があるので、その私情を制して、禮に復することが大切である。「復する」というのは、人間には己の私を捨てて人の為に尽くすということが本来生まれついての性質である訳ですから、それに戻すということ。

それが仲々できないのは、世の中に身を立てる為には人を押し退けてでも、自分の欲するところのものを求めるに都合がいいからである。

そのようなことから私情というものが盛んになる。

その私を捨てて「禮《れい》に復《かえ》る」——人間本来の性質に戻って、人の為に尽くすことを喜びとするというような心持ちで以て、益々その行いを励んでいきさへすれば、仁という徳が自ら備わるようになる。

そうして身を以って多勢の手本となれば、「天下《てんか》が仁《じん》に帰《き》す」ので、誰でも、これは人間の手本となるところの行いであるから、その人の徳に復《ふく》し、またその行いを見習って行うようになる。どんな悪人でも心の底から決して悪人ではない、どんなに過ちの多い者でも心の底にはやはり人間の本性というものが存在しているのである。であるから上に立つ人が立派な行いをして手本を示せば、皆がこれを見習って人情が厚くなり、行いが正しくなってくる。

孔子はこのようなことを顔回に教えられています。要するに「仁」を為すということは、「己《おのれ》に由《よ》る」ものですから、自分が努力するよりほかはないのです。

ところが顔回が、それは洵《まこと》によく解りましたが、毎日それを実行するについて特別に注意しなければならぬ点を示して戴きたいと求めた時、孔子は

『非禮《ひれい》見《み》ること勿《なか》れ、非禮聴《き》くこと勿れ、
非禮言《い》うこと勿れ、非禮動《うご》くこと勿れ』

と言われました。

見るもの聴くもの皆「禮」に適うようなものでなければならない。
口で言う所も身に行う所も一々「禮」に適うようにしなければならない。

これが修養の方法であるというのです。

「禮」に一致するように常に努めていれば、自らが正しくなるから、「仁」という徳が具わる。「仁」が現れて「禮」になる訳であるから、実際の修養の方法としては、「禮」に一致するように努めていくことが「仁」の徳を全うする道になる。

即ち「禮」と「仁」は内外《うちそと》といった表裏の関係にあるからである。

これは非常に勝れた教えでありますから、顔回も大変敬服して、自分は足りない者ではあるが、一生涯この御言葉を実行しようと誓いました。殊に「非禮動《ひれいうご》くこと勿《なか》れ」というところは、洵《まこと》に誰にでも適切な教えであります。

一挙一動が悉《ことごと》く「禮」に適うようになれば、自ら徳の勝れた人となり手本となることでしょう。

天地自然の教え　その二

哲人《てつじん》は幾《き》を知《し》る

先の一挙一動を慎むということに就いて、宋《そう》の学者の程伊川《ていいせん》という人が「動箴《どうのしん》」というものを書いていますので、ご披露します。

「動《どう》」というのは、日々の挙動でありまして、起居動作《ききょどうさ》一切に就いて己を慎むところの重要な点を挙げたものです。そこには、

『哲人《てつじん》は幾《き》を知《し》り、之《これ》を思《おも》うを誠《まこと》にす。志士《しし》は行《おこな》いを励《はげ》み、之《これ》を為《な》すに守《まも》る。
理《り》に順《したが》えば即《すなわ》ち裕《ゆた》かに、欲《よく》に従《したが》えば、惟《こ》れ危《あや》うし。
造次《ぞうじ》にも克《よ》く念《おも》い、戦競《せんきょう》して自持《じじ》せよ。習性《ならいせい》となり、聖賢帰《せいけんき》を同《おな》じうす』

と記されています。

「哲人」とは、非常に思慮の深い人を指しますが、此の哲人という者は「幾を知る」つま

り、「幾」というのは物が微かに動き出した時という意味で、思慮の深い人だからといっても、はじめから思慮が深かった訳でもないし、大きな力を具《そな》えていた訳でもない。はじめは心の底に、善い心持ちが微かに動くだけであったが、その微かに動いてきた善い心を養って大きくしていけば、萬民を救い恵むという働きができるようになる。

また悪い心持ちでも、はじめから大悪を為すという力はないが、心の底に微かに間違った心が動いた時、これを容認して捨てておけば、だんだん悪の心が大きくなり、悪が悪でなくなる。故に「幾《き》を知《し》る」ということが大切である。

善でも悪でも、はじめから大善大悪ではない。微かに動いた時に自分で気がついて、その善い方の心持ちを養ってこれを長く持して、悪い方の心持ちを抑えていくようにしなければならない。

そのようにしていけば誠心というものが具わるようになるので、これを「思《おも》いを誠《まこと》にする」というのである。また世の中の為に力を尽くそうという志のある人は、先ず自分の行いを正しくするように励むということが大切である。

自分が間違ったことをしていて世の中の為に力を尽くそうとしても、それは到底できないことであるから、自分の行いを正しくして、そうして励んで「之《これ》を為《な》すに守《まも》る」つまり実行することです。実行上に於ては正しくないことは一切しない、自分の正しいと信じたことはどんな困難を冒《おか》してでも之《これ》を遣《や》り遂《と》げるという心持ちで、実行に努めるのです。

これは天地自然の理に従ったことであります。人間の道というものは天地自然の道に基づいていくのですから、この天地自然の理に従えば心が裕かであって、日々の行いが皆自分の心に喜びを生ずるようになるのです。

これに反して、私の欲に従えば、その行いは道に背くことになるので、行く先々危うくなります。罪を犯し過ちを重ねていけば、自分も不幸になり、また人にも累を及ぼすということになる。ですから「造次《ぞうじ》にも克《よ》く念《おも》う」ということが大切で、「造次」とはチョットした僅かの間でも、よく考えるということで、そうして戦々兢々として、自分に過失のあらんことを恐れて終始反省して、正しい行いを保ち続けるようにしなければならない。

これは長きに渡ってのその努力が続けられなければできないことです。ですから「習性《ならいせい》と成《な》る」――一日や二日やって捨てておけばそれまでであるが、毎日毎日努力して繰り返し繰り返し自分の身を省みるというようにしていけば、それが自分の本性となってしまって、もう悪いことをしてくれと言われてもできないようになる。

間違ったことに、どんなに誘惑されても、そんなことに動かされないようになる。それで以て聖賢というような境界に到達することができるのである。

以上は修養上誠に好い教訓と申すべき事柄です。このような心持ちで人生をいけば、自分の一生が誠に平和で平穏であるのみならず、自ら周囲に善き感化を及ぼして正しくし、多くの人を教え導いていくことができるに相違ありません。これは君子（䨩）の道に心掛ける者にとって、平生、特に心致さなくてはならないところだと思います。

人生明解《じんせいめいかい》

第四十七章

☆　**お便り**

此のところ、「命」を軽く考えている風潮がありますが、「命の重い軽い」については、どのように解釈されますか。それに『道』を得て、その後の「命」の用い方生き方がハッキリしません。

会報を読んで自分自身、聖賢のその教えについては快くするところですが、しかしそれも凡俗の中にまみれていては仲々難しいです。新年を迎えるにあたり、どのような心掛けを持って今後の人生を乗り切っていけばいいのか、そのところをご教授下さい。

今年は『一《ワン》』と
大（道）きく吠えて、
大いに躍進しよう。
おとし玉
『一《いち》』

道標

命《めい》には軽《かる》い重《おも》いがある

命《めい》という字は人《ヒトガシラ》つまり人間、それに一《いち》と叩《たた》くの三文字から成っています。一が含まれているところから「いのち」と読み、その字義があります。因縁の因《いん》にも一があり、その一が囗《かこい》の中に閉じ込まれて解脱できないところに一なる「いのち」の苦しみ、つまり葛藤があります。天道の『得道』はその一を解放して因縁因果に苦しむ心を自由自在にする所に趣旨があります。

人は陽《よう》の字が示すように、一の上にあるところの日《ひ》つまり神の世界・理天極楽《りてんごくらく》と縁を結ぶか、一より下の勿《なか》れの仮の世に執着して輪廻苦海にさ迷うかで「命《いのち》の軽《かる》い重《おも》い」が問われます。

私達はこの世、仮の世界に於て何を学ぶのかといえば実は「命の軽い重い」にあります。仮の世界に貪恋《どんれん》してしまうと、周囲の姿に自らを同化させて同じ想い、同じ考え、同じ時の流れの中を生きていかなくてはなりません。少しでも違うと変わりものとして見られてしまうからです。その為善くても悪くても共に学び、共に知識を共有して、そして暮らさなければなりません。故に人の噂や陰口に心を動揺させて神経を疲れさせてしまうのです。
そのようにして因縁因果を共有しながら助け合い、愛し合い、また一方では憎しみ合いながらいろいろと戦い続けて勝敗の中を生き続けるのです。そのような人間の歴史は輪廻転生という限りない時の流れの中に存在しているということになります。

「命が軽い」ということは、軽の字の車という字は、字体にあっては偏《ヘン》に位置して偏《かたよ》り、車輪の如くめぐり続けることを暗に示しています。また圣は時の経過の経《けい》の字としてみれば、「命が軽い」ということは因縁因果に翻弄されて生死の輪廻を続け、そして苦汁《くじゅう》をなめ続けることとなります。軽々しい、軽い奴、軽率、軽薄などの言葉を見ても、その字義が理解できます。

「命が重い」の重の字は千《せん》、車、土の三文字、或はノと車と一の三文字の組み合わせ、また或は千と里《さと》の組み合わせとなりますが、この場合の車は中央に立ち、しっかりと土の上にあります。重視、重要、重大、貴重、重宝などの言葉から察すれば、軽の字の場合の車の字の趣とは違うことが知れます。それは重の文字の中央の車の字の中央に密《ひそ》む田《でん》という字に、その重大な意味が隠されています。

天道では、田の文字は中庸《ちゅうよう》の心を意味し、道の心、中心を意味象徴します。そのようにして見ると里という文字は、土の上にしっかりと「心を定め置く」という意味が付されてあることから、里を思う、里心という言葉があり、望郷という言葉と共に懐かしく思われます。

因《ちなみ》に仏教では牛《うし》を心の対象として信仰していますが、その牛の文字の下に一を敷《し》くと生《せい》となります。一の上に真っ直ぐ立つ忄《こころ》を如何《いか》にして生《い》かす象にするかどうかで、人生はその「命の軽重」が問われる場面でもある訳です。生きるという重大さは、心の用い方つまり吾が心を悟るか悟れないかが問われるところにあります。

命という字は、人、一、叩の三つの文字から出来ています。人が一なる『心』を叩いて悟りを開かない限り、命《めい》は軽《かる》く、とこしえに輪廻し苦海をさ迷い続けます。

因に千の文字は一という数と亻《ニンベン》、詰まり人との組み合わせです。『得道』にめぐり合うは人《ひと》と一《いち》との固い結び付き、千載一遇のチャンスです。『得道』は千年に一度出会う、またとない機会となります。

天地自然の教え　その一

生と死の異なり

人がこの世に生を受ける、つまり命の誕生である訳ですが、その命には定められた人生が、誕生と同時に「宿命」として果せられます。

人はその宿らされた因縁に従って人生を往く訳ですから、誰一人として同じ人生はありません。それぞれ個々に富貴貧賎や喜怒哀楽が具わって波乱があり、辛酸苦労が果せられてあります。人間は少しでも楽に、少しでも傷みがないようにと葛藤しながら生き続ける以外、術はないのです。

何せ人生上の運は定《さだ》めとしてあるので、自らが幸運を望んでも、生年月日時という誕生を変更しない限り適わないのです。しかしだからといって、寿命を果たさず一生を終えたとしても、因縁因果は消える訳ではありません。

次の人生に継続して果せられ、因果の清算が終わるまで、常しえに逃れることは適わないのです。しかし天はそれを決して見放している訳でもなく、また無情にしている訳ではありません。『命《めい》を悟《さと》れ』と人、一、叩の三つの文字を組み合わせた命を与えて下さっています。それを『得道』によって悟ればいいのです。

人生は一人ひとりに果せられた宿命ですから、凡ての人々個々に千差万別の人生模様があります。その人生を競って頂点を極めようとしても、運が伴わない限り徒労に終わってしまいます。

成功するもしないも、凡ては因縁因果、その人の徳分に由りますが、『道』を得ずして死を迎えると、死の文字には一より上には何もなく下には、歹《しかばね》つまり半分に割れた様《さま》。あとに残った骨という意味の字と、匕《ひ》、つまり女性の意と、さじ、しゃもじ、とあります。死は「しゃもじで以て残った骨をすくう」と解釈すれば、それは非常に哀れな姿となります。

一方、生は一の上に『心』が存在します。命も一の字に『心』が存在します。ということは、心を磨く修養は誰にも共通して同じ、一なる『心』を以て同じ修養ができる訳ですから、聖人の教えは萬民に等しく伝えられ、そして共感を受けて尊敬されるという訳です。

今後の人生を如何に生きるかとなれば、その人があくまでも凡俗に生きて人生を貪るのか、それとも心の修養を目指して人生を送るのかという二者選択が迫られます。つまり「命の軽い重い」が問われる訳です。『得道』つまり『道』を得て「命軽るければ」それは非常に恥ずかしいことですから、「重」を重んじて修養に励まれることをお勧めします。

易経《えききょう》に「履《ふ》むこと錯然《さくぜん》たり」とあります。つまり外に伸びる力はあるのですが、まだ充分の力が養われていないので、さらに自ら修養に努める必要があるという意味です。己の力が未だ足りないので、今大きな任務を受けて高い地位に昇るということは甚だ危ないことです。虚勢を張って無理をすれば自分が失敗するばかりではなく、他の者にまで累を及ぼすことになりますから、力の足りない時には退いて力を養うことを主としなければなりません。古の聖人賢人といわれる人は、今の私達とははじめから異なる訳ではありません。ただその人達は自分の力を養って、そしてそれを軽々しく用いないで、自分が立派な力を具えるまでその修養を怠らなかったのです。

そのように永く辛抱を重ねてこそ己を養うということになる訳ですが、聖人賢人は自分の修養は充分積んで、そうしてこれを用いる時は力一杯出し尽くしません。寧《むし》ろ力が余るくらいにして更に修養を続けるのです。これが修養上に於ける大事なところであり、最も重要視すべき点です。

この心掛けでいれば何時まで経っても行き詰まることもなく、何事にも益することができます。これは『道』を修める人にとっては良い教訓であり、亦生涯の間にいろいろと身の上に変遷があっても、凌ぐことができる術ともなります。

しかし役に立つばかりが良い訳ではありません。例えば正宗といわれる名刀は、抜かないで鞘に収めて置いてもやはり名刀正宗である様に、役に立つべき者が退いているということも人間としては大切なことなのです。

常に禮を守って心を静かに保ち、如何なることにあたっても慎み深く考えて、思慮分別を重ねていけば、難は遠ざかり、困難もなく済むようになりますが、その考えが足りないと永い間修養を重ねても、ちょっとした間違いから取り返しの付かない結果となる場合もあります。ですから一事と雖《いえど》も軽々しくしないように努める心掛けが大切です。

修養は心の辛抱の一言に尽きます。自分の今の境遇が楽しいと思えば楽しいのです。楽しみは外《そと》に求めるべきではありません。自分で自分を楽しませるところに修養の喜びがありますから、修養は楽しむものと、そのように考えると大いに味わうべきものがあるはずです。

天地自然の教え　その二

修養は『一なる心』を目指して、皆同じ

修養を怠ると、人の運というものはたとえ好くても何時までも続く訳ではありません。人の宿命は必ず厄《やく》に遭うようになっているからです。欲得を貪りすぎると火に焼け死んだり、その死んだ後の死骸は捨てられるという目に遭うかもしれません。

これは非常に強く形容しましたが、要するに世に疎《うと》んじられて禍を受けるという意味です。そのようなことから老子は次のようなことを言っています。

天《てん》は長《とこし》えにして地《ち》は久《ひさ》し。
天地《てんち》の能《よ》く長且《ちょうか》つ久《きゅう》なる所以《ゆえん》の者《もの》は、其《そ》の自《みずか》ら生《しょう》せざるを以《もっ》てなり。
故《ゆえ》に能《よ》く長生《ちょうせい》す。
是《ここ》を以《もっ》て聖人《せいじん》はその身《み》を後《のち》にして身先《みさき》だち、その身《み》を外《ほか》にして身存《みそん》す。
其《そ》の私《わたくし》無《な》きを以《もっ》てに非《あら》ずや。故《ゆえ》に能《よ》く其《そ》の私《わたくし》を成《な》す。

つまり天というものは何時までも存在するし、地というものも久しく存在しているが、その天地が長久であるのは何故であるかと言うと、自ら驕ることも誇ることもせずにいるからです。天地は物を養い、物を育てるということを絶えず続けていて、而も常に黙々として物を育てているとか、物を養っているということを一つも吹聴しません。唯黙って物を養っています。それであるから天地の大きな徳に対して誰も争う者はいないのです。それで天も地も何時までも栄えていくのです。

聖人もその通りであって、「その身《み》を後《のち》にして」――自分のことなどはどうでも宜いといって、人の為ばかりを考えています。だから却って「身先《みさき》だつ」のです。

つまり人々が聖人の教えに帰服して、常に聖人を仰ぐから、凡ての人の上に立つことができるのです。また「その身《み》を外《そと》にして」――自分のことはどうでも宜いとしているので、多勢の人が却って聖人を崇敬して「身存《みそん》す」で、何時までも世の中に保護されて安全を保っていられるのです。即ち私が無いから人がこれに服《ふく》するのです。私が無いから却って「私《わたくし》を成《な》す」――つまり自分勝手をするというものではなく、自分を全うするという意味です。

ですから、人間は聖人が示されたように、天地を手本として己を捨てるということが、即ち己を全うする道であることを知らなければなりません。自分を先に立てて他の者を排斥しようとすれば皆その人を怨むことから、己を全うしようとすることができなくなり、却って己を損なう道になってしまいます。そこのところを固く戒めなければなりません。

己を捨てていれば、人もこれに帰服するし、またその行いが自然に大きな力となっていきます。

守玄編

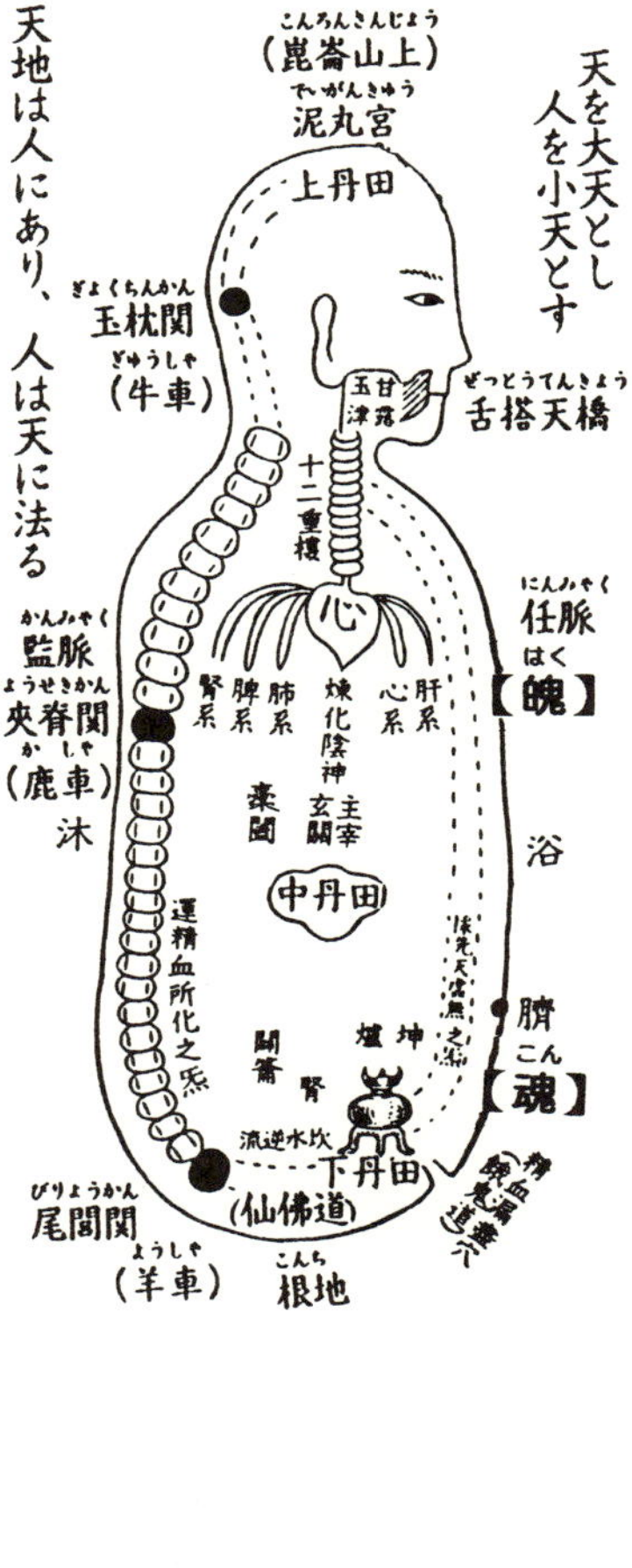

★天道シリーズ〈2〉（人生明解・第三十四章）に引き続いて守玄の講義に入ります。

守玄・1

因果消滅《いんがしょうめつ》、下丹田《しもたんでん》

『得道』により道を得た人のみが行うことができる「守玄」は、先ず悟りの門・玄関からの元気、即ち陽（火）の気と鼻から体内に取り入れられた大気即ち陰（水）の気とが、胸の位置に在る中丹田《ちゅうたんでん》に於て、その陰陽《いんよう》が煉り合わせられて温容《おんよう》な気に変化するのですが、決して焦ることなく、じっくりと時間をかけて行うことが肝要です。

この中丹田に於て陰陽の気が混ざり合い、次第に陰気が陽気に感化されて「陰中《いんちゅう》に陽《よう》あり、陽中《ようちゅう》に陰《いん》あり」と易《えき》に謂《い》われるように、体内の陽気、即ち陰気に含まれている陽気を増やしていかなくてはなりません。

この作用全てが自らの意識によって行われるものですが、他に思いを馳せたり、意識が散漫となると効果は薄れて気を循《めぐ》らすことができません。

逆に気が散りはじめると焦りが生じ、結果的には形だけの「守玄」に終わってしまいます。

常に意識を中丹田に向けて、陰陽の気を温めようとする気迫があって中丹田に伝われば次第に胸とその背中あたりに温かみが生じてきます。

そこで温かみを増せば増す程、肺部に蔵んでいる「魄《はく》」が亡《ほろ》びを見せはじめ、そして善化しはじめます。

因業を生み出すところの元凶と謂われる「魄」が収まれば、温容な慈悲心が生じてきます。従って中丹田を修めるだけでも、その人物を温かみのある柔和な人物へと変化させることが適《かな》います
つまり嫌な性格或は嫌な性質といわれるように、嫌われる気質から誰もが願う、よい気質へと変化させる、その気質自体に温容さが生じてくるので、やさしくなれるのです。

しかし「得道《とくどう》は容易《ようい》なるも修道《しゅうどう》は難《がた》し。修道《しゅうどう》は容易《ようい》なるも了道《りょうどう》は難《がた》し」といわれるように終始一貫して修道することは非常に難しいことです。

心あって修道を欲しても過去の因業《いんごう》が禍《わざわ》いして、修道する者の意識に反して逆の方向に引きずられていってしまいやすいのです。

私達の心の本性、霊魂《れいこん》が受ける六万年来の転生《てんせい》の結果が、現在の環境であり状況ですから、人生途上に於ての歴世《れきせい》の罪障《ざいしょう》を消滅《しょうめつ》するにはそれ相応の試練があって当然です。従い、それに打ち勝って進むところに修道の苦しみがある訳です。

あくまで「守玄」は道を得た者のみに許された、因縁を浄化して因果を消滅させる法ですから、道を得ぬ修行者の及ばない効果が発揮されて当然です。

『得道』を以て因縁を解脱したとはいえ、残りの人生に於ける人生途上には、まだまだ因果が根強く食らい付いていて、決して離れようとはしてくれません。

そのような執念深い因縁を抱きながらも幸いに『得道』に縁を得られたことは、悦ぶべきことでありますが、決して油断は禁物です。

因縁因果の借貸《かしゃく》の貸し借りは未だ清算はされていません。

つまり天然恩師《てんねんおんし》の著書「一貫道疑問解答《いっかんどうぎもんかいとう》」に、次のように書かれています。

『人は寅《とら》の会《かい》に降世《こうせい》して以来、繰り返し数多の災難に遭ってきたのは、悪い罪を山の様うに積み重ねた因縁によるもので、前世の罪が未だ終わっていない為に今世《こんせい》に引き継がれて報いを受け、今生に更に罪を重ねて債《かり》が増加して、三界《さんかい》の輪廻苦《りんねく》の終わる時がありません。

然《しか》し今世に一度『得道』したならば、沢山の魔がこぞって閻魔王《えんまおう》に対してその人の積罪《せきざい》の債《かり》を支払うよう請求します。それは『得道』して理天の極楽に帰ったら請求するところがなくなることを恐れて返済を迫るのです。

閻魔王《えんまおう》は至《いた》って公平無私ですから、罪があるのに応報の返債を禁ずることはできません』

こうした理由で、邪宗《じゃしゅう》に取りつかれて祟《たた》りを受けたり、或は凶事《きょうじ》に遭《あ》ったり、長い病気にかかったり、種々の災いに遇って因果の報いを以て返債が迫られます。

それには陰考《いんこう》あり陽魔《ようま》あり、種々様々の形で以て前世の罪業を一つずつ消さねば終わらないのですが、悟りの浅い人は、自分は得道して功徳を修めたのに何故反《かえ》って多くの害を受けるのかと疑います。

そして人に誇《そし》られ笑われ、又親友に反論されたりして志を曲げて『道』から退いた人も多くあります。それは「玉磨《たまみが》かざれば器《うつわ》とならず、金《かね》は煉《ね》らざれば価値《かちな》無し」ということを知らないからです。

高い山が無かったら凹《へこ》んだ谷があるはずはありません。

良鉄《りょうてつ》は千回も打ち鍛《きた》えられてこそできるものです。

人も同様で日常の苦難は因果と思い耐え忍ぶことが消罪《しょうざい》となり立派になるのです。

孔子《こうし》も「小忍《しょうしの》ばざるときは則《すなわ》ち大謀《たいぼう》を乱《みだ》る」と諭《さと》されています』

以上のように因縁因果は容赦なく、借貸の律を以て人生途上での時期を選んで巡ってきます。事故に遭って痛い思いをしたり、人間関係で悩んで自ら命を絶ったり、金銭上の融通でいがみ合ったり、この世に於ける苦労は人個々に異なって現れてきます。

『得道』によって消滅、或は減少されて無事を得る奇跡的な癒しは、数多く報告されていますが、それでも猶《なお》不服が絶えず、何故《なぜ》、何故《なぜ》に、という問が持ち込まれてきますが、それは『得道』以後の功徳によってのみ、新たに消滅、或は減少されるものなのです。

つまり『得道』だけで以て消すことができない、あまりにも大きな因業は、自らが清算しなければならない罪罰であるからです。

安易に『得道』が授けられたが為の障害が、つまり何故、何故に、という不満である訳ですが、そこのところを気づかぬ限り、真道《しんどう》を得た悦びは決して味わうことはできません。

つまり天に縁が深ければ『得道』して後も保守して道を捨てませんが、天に縁が無いと無理強いしても『得道』を授かった限りで行道しません。

ただ不平不満を言うだけで、全てが神任せで終わってしまうのです。

人は常に天に智慧《ちえ》をいただいて生きているのであって、人自ら知恵を働かせているのではありません。其のもとが無ければ、何も無いのです。

医学は脳の働きを解明して心を探ろうとしていますが、あくまで脳は心の用、機能であって主ではないので、心の働きを探ることは不可能です。心は気、つまり陰陽の気にその全てが託され、そして智慧を生み出しているからです。従って陰陽の気、則《すなわ》ち我々の世界に於ては天地自然という気にほかなりませんが、悟りを開くには「天地自然に学べ」といわれ、天地自然に道を求めぬ限り、人間究極の目的は達せられないのです。

真《まこと》の智慧《ちえ》、妙智慧《みょうちえ》は神仏の智慧と謂われ、天地自然に充満しているのですが、その智慧を吾が心に呼び込むには妙智慧の門《もん》である霊《れい》の正門《しょうもん》・玄関を明師《めいし》の一竅《いっきょう》で以《もっ》て開けて戴かなければ適わないのです。

道教《どうきょう》では「九転金丹《きゅうてんきんたん》・九転の金丹を煉《ね》る」と謂《い》い、霊が殻《から》（体《からだ》）を脱了《だつりょう》して理天極楽に飛昇《ひしょう》して逍遙《しょうよう》が得られる法として、不老長寿《ふろうちょうじゅ》の薬である採薬仙丹《さいやくせんたん》が盛んに求められた訳ですが、それが妙智慧を求めての修煉法《しゅうれんほう》である訳です。

不老長寿の薬（妙智慧）は、実際には形がなく、道にのみ、その効用《こうよう》が隠《かく》されてあるところから、「煉《ね》る」という方法が用い鋳《い》られたのです。

それは陰陽の気を体内に於て「煉《ね》る」という意味で、それで以て天地宇宙にみなぎっている神仏の気、妙智《みょうち》の気とつながることで金剛不壊《こんごうふえ》の体《たい》が出来上がるのです。

金剛不壊の体とは、天地が壊《こわ》れ、月日がついえるも吾《わ》が真相《しんそう》（心の本性）は壊れず、浩《おお》きな劫《わざわい》に遭っても長く聖身《せいしん》を存続させることができる体という意味です。

『得道』を得てその妙智《みょうち》の扉《とびら》が開かれますが、開かれたままでは「功無《こうな》くして果結《かむす》ばず」で、『得道』によって病が回復したり、悩みごとが解決されたり、人間関係が修復されたりしますが、その後の生活上の因果は生き続けている限り容赦なく起こってきます。

つまり「何故《なぜ》、何故《なぜ》に」ということになります。

天道ではその「何故、何故に」が起きないように「守玄」を勧《すす》めて、過去世《かこよ》に於ける因縁因果の中の悪因《あくいん》を消滅《しょうめつ》させる行《ぎょう》として「守玄」を行ってもらう訳です。

私達は今『得道』を得て三教一貫《さんきょういっかん》（道教、儒教、仏教）の真法を得たことは、実に三《さん》生《せい》の幸でありますが、焦って短気性急にならず日々終始一貫して「守玄」をやり遂げていくことが大事です。

以上『得道』の大事を「守玄」に絡《から》めて説明致した訳ですが、『得道』を天道の手始めとし、そして「守玄」をその第二段階として誠心を以て歩み続けていただきたいと思います。

ですから性命《せいめい》の大事は修道してすぐ効果を求めてはいけません。

孔子様《こうしさま》は、

「速《すみ》やかならんことを欲すれば則《すなわ》ち達《たっ》せず」と曰《い》われました。

「守玄」に於ける中丹田での陰陽の気の煉り合わせも、根気よく時間を掛けて、温容な気に成長するまで待つべきです。

「魄」を温めることによって自らの怒りや過ちを犯す心、心の動揺（不安、顛倒錯乱《てんとうさくらん》）など種々の不法な心の働きを静めて、清浄な安心を得ることが適います。

つまり胸騒ぎ、胸がむかつく、胸の痛みを覚える、胸算用など「胸」の字を以ての言葉遣いが多くありますが、それはとりもなおさず「魄」の心の働きを表しての言葉です。

中丹田に在る「魄」を修めなければ下丹田に在る「魂」を修めることはできません。従って「魂魄《こんぱく》」を修めなければ、我が身の精《せい》は動揺し、気は散逸《さんいつ》し、神《しん》（神経）は疲労し、その身姿形《みすがたかたち》は枯《か》れ老《お》い、疾病《しつびょう》はむらがり起きて将《まさ》に生死輪廻《せいしりんね》をさ迷うことになります。

修道は「高い山も歩みは遅くとも、怠《なま》けずに登る者は達《たっ》し、路遠《みちとお》くとも、日をかければ到達す」です。

中丹田の陰陽の気が熟せば、身に香ぐわしい気の漂《ただよ》いが漂《ただよ》いはじめます。

そのような心境に入るには相当な「守玄」が必要ですが、それも「鋼鉄《こうてつ》を磨《みが》いて針《はり》とす」

で、身を以て範《はん》となし行わなければなりません。

さらに陰陽の気をまろやかにして神気《しんき》へと導《みちび》くには中丹田に於て温めた温容の気を下丹田《しもたんでん》へ移行していかなくてはなりません。

陰部《いんぶ》とへそ、そして胸の中心とを結んだ線上に従い、静かに温容の気を降下させていくのですが、中丹田は決して空っぽになる訳でなく、引き続いで途切れなく霊の正門・玄関からは、天の『元気《もとのき》』が注ぎ込まれ、鼻からは大気が呼吸と共に入ってきていますし、天橋《てんきょう》に依《よ》り生じた甘露《かんろ》と共に中丹田へ送り込まれていますから、とぎれなく陰陽の気は煉られて、まろやかさを生み続けられます。

即ち「守玄」に依《よ》る修煉法《しゅうれんほう》は体内に「周天《しゅうてん》」といって天の気を循《めぐ》らせる調息法《ちょうそくほう》ですから決して途切れがあってはならないのです。

人間が生きていく生命の源は、鼻息《びそく》にあります。

従い「守玄」での工夫は静座して、先ず呼吸を調えるところから始まります。

普通の人の呼吸は短くて、浅く、吸う時は早くまた吐き出す時も早いので、このような呼吸では修道に向きません。

守玄の法は入る一吸《いっきゅう》、出す一呼《いっこ》とも深く長きを要します。

呼吸の長いことが長生《ながい》きになり、呼吸が短かければ気短《きみじか》となります。

虫の息が一番短いので、命のない人を虫の息と言い、鼻息が荒いことを傲慢《ごうまん》といい、気《き》忙《ぜわ》しい人を落ち着きのない人といいます。

気絶することは気が絶えることですから、息は生きることに尽きます。

「守玄」に依る調息は、元気と大気が中丹田に入って肺部《はいぶ》と腹中《ふくちゅう》を温め、胸部《きょうぶ》に鬱積《うっせき》しているところの濁気《だっき》一切を呼吸で以て吐き出し、消散させます。

そうすると、五臓六腑《ごぞうろっぷ》は軽く、気持ちは良くなります。

呼吸の功《こう》を借りて身中の濁気を外部に駆逐《くちく》してしまえば、百病《ひゃくびょう》は自ら消えてしまいます。

従い「守玄」では呼吸を深く長くすれば、自然と病気を癒し、寿命を延ばすことにもなります。以上のような功《こう》を経《へ》て、中丹田での「魄《はく》」の気魄《きはく》は温容の気に変化して、下丹田へ降下してくるのですが、下丹田に於ては「魄」の働きで以て因果を生み続けている「魂《こん》」が待ち構えています。

従って下丹田に於ては「魂」を浄化して因果の消滅を完全にしなくてはなりません。

つまりこれまで『霊魂《れいこん》』を「霊魂《たましい》」とかなを打って読ませてきた理由は、霊《れい》もたましい魂《こん》もたましいと読むように、この世ではこの両方が助け合わなければ人間は、この世に智慧を得て存在することができないからです。従って陽《よう》が霊《れい》、陰《いん》が魂魄《こんはく》であることからこの世、陰陽の世界に於て、人間は陰陽の体であるから生存できるという訳ですが、人間究極の目的は「陰《いん》を滅《めっ》し、陽《よう》に帰《き》す」ですから、即ちこれが守玄の極意となる訳です。

守玄・2

退陰進陽《たいいんしんよう》の法《ほう》

中丹田に於て陽の気（元気）によって煉られた陰の気（濁気《だっき》・大気）は次第に温容となり、陽の気に同化し始めますが、この浄化の工夫はなかなか容易ではありません。なぜかと申せば、この最初の中丹田の段階に於て精神の統一が保たれ難いからです。恒《つね》に変わらない精神が要求され、本人自身による強い意志がなければ自然と心が雑念を生じてしまいます。

古の修道と今の修道には自ら違いがあり、聖凡《せいぼん》を兼ねて修道する時代に於ては、生活上の問題や人間関係上に於ける様々な喜怒哀楽に対応しながら行わなければならない事情が覆《おお》いかぶさって来るからですが、しかし真に固い決心が保てれば成せないわけではありません。従い、いつの時代に於ても修道には専一が要求されるという訳です。

修道には、まず、喜びの情、楽しみの情、怒りの情、哀しみの情、欲の情、以上の五欲《ごよく》を慎んで乱さないように心掛けねばなりません。

何かいずれの物かに執着している場合、決してその人の心は澄まず、煩悩から逃げ出すことが困難となります。

何故にこれまで各々聖人が衆生に私心貪欲《ししんどんよく》を去らせるようにと説いてこられたのは、本より私欲は陰に属しているので、この陰気を去り、純陽を煉るようにと勧めているからに他なりません。

胸の位置はその煩《わずら》い惑う意識「魄」が在る処ですから、煩い惑う心を中丹田に於て除去しなければなりません。

よって次の四つの清浄《せいじょう》項目《こうもく》を知って修道すべきです。


「礼《れい》にあらずば視《み》ず」これは眼の清浄。

「礼にあらずば聴《き》かず」これは耳の清浄。

「礼にあらずば言《い》わず」これは口の清浄。

「礼にあらずば動《おこな》（行）わず」これは心意《しんい》の清浄。


以上にいわれる「礼」とは、清浄《せいじょう》無《む》一物《いちぶつ》つまり五欲を去ること、足りるを知ること、この二つに尽きる訳ですが、大切なことは「守玄」のみに於て行うのではなく、常日頃四六時中生活の中に於て心掛けて行うところに「守玄」の大切さがあります。

日頃から陰つまり煩悩と称される五欲を去る心掛けがあれば、明師《めいし》（点伝師《てんでんし》）より一竅《いっきょう》の『得道』を授かれば皆自然と天の気「元気」が玄関より呼び込まれて、吾が身と天とが一体となり、また吾が身も天と一体となることが適うという訳です。

これを「天地帰納《てんちきのう》」と称しますが、五欲の煩悩が勝ってしまうと、人として具備されているところの道心《どうしん》、智慧《ちえ》・理性《りせい》が汚《けが》されてしまい、物欲に迷って邪道《じゃどう》に陥《おちい》ってしまい、内《うち》の智慧・理性はことごとく身外《しんがい》に帰納《きのう》され、気の散乱が生じてしまいます。

従い常に至誠《しせい》止《や》まずして道の心・善《ぜん》を主として凡《ぼん》を行い、五欲を去って足りるを知る、その心を保守して失わないように心掛けて、自然にして「守玄」の状態に入れば、天の感応は素早く、吾が身の陰陽の気を『退陰進陽《たいいんしんよう》』に持っていくことが適いますが、ただ単に修道するなら兎も角、聖凡を兼ねる今日での修道では、ちょっとした雑念から陰が勝り、陽気をなかなか生み出すことができません。

しかし、明師《めいし》の一竅《いっきょう》を得れば「一竅開《いっきょうひら》けば竅々開《きょうきょうひら》く」と言われるが如《ごと》く、『得道』以後、玄関に気を集中して天橋《てんきょう》する習慣を日頃から身を以て覚えれば、自然と身内《みのうち》の気の流れは『退陰進陽』の作用をゆるやかながらも天自ら行ってくれます。

ただし雑念が多ければ行うこと能《あた》わずで逆に身外《しんがい》に陽気を放出してしまい、極楽浄土への道は閉ざされ、石が大海に沈むが如くふたたびと輪廻に入ってしまう怕《おそ》れがあります。

つまり、

陽《よう》を消《け》し陰《いん》を長《ちょう》ずるのは凡夫《ぼんふ》の道である。やがて陽が尽《つ》き純陰《じゅんいん》になれば鬼《き》・邪《じゃ》となる。

陰を消し陽を長ずるのは聖賢《せいけん》の道である。やがて陰が尽き純陽《じゅんよう》になれば仙《せん》・仏《ぶつ》となる。

まして人間は半陰半陽《はんいんはんよう》であり、半仙半鬼《はんせんはんき》である。

もし半分の陰気《いんき》を煉《ね》って退散《たしさん》させれば、純陽《じゅんよう》となる。純陽は即ち仙《せん》・仏《ぶつ》の体である。

下丹田《しもたんでん》・精《せい》⇩神《しん》⇩気《き》

中丹田に於て煉られた結果、陰陽の気はまろやかにして温容になるも尚、陰の気が主導しています。その陰の重みを以て下丹田へ下ることが適うわけですが、この過程の状態を天道では「陰陽《いんよう》の交感《こうかん》で以《もっ》て、濁精《だくせい》を煉《ね》って陽精《ようせい》と化《か》す」と言います。

分かりやすく言えば、汚れた空気中の中に長くいれば、次第に疲れがたまり体がだるくなってきます。従い、あくびも多くなり、ひどくなれば眠気《ねむけ》をも要します。そのような時、窓を開けたり外気に触れたりして良い空気を体内に吸い込むと、ふたたびと元気が回復します。つまりそれは大気中の陽の気が体内へ吸収され陰陽の交感がなされたからです。

また精根《せいこん》が尽きるという言葉がありますが、守玄の場合はその精を煉って元気を作り出す作業が、中丹田に於て行われるということになります。ただし一般の呼吸法は肺までの呼吸を繰り返す呼吸法であって、下丹田へその精《せい》を降ろすことはできません。降ろすことができるのは余程の瞑目坐禅《めいもくざぜん》の修行（瞑想《めいそう》）を積んだ者か、明師《めいし》の一竅《いっきょう》『得道』を得た者でない限り無理です。そのようなことから「守玄」によって中丹田に於て化かした陽精《ようせい》をさらに煉って、上丹田に昇る気を下丹田に於て準備し作り出さなくてはなりません。

下丹田に於てこの陽精を長く温存すれば、気は次第に神気《しんき》（精神）を生み出し始めます。つまり、水が温められると水の表面から次第に水蒸気が上に向かって上昇し始めるのと同じです。神気（精神）は清気《せいき》と称され、その清気が下丹田に於て満ち始めると上に浮かび上がる準備が調います。

これまで上丹田へ昇る関の門、尾閭関《びりょうかん》が決して開かなかったばっかりに、四生六道の輪廻を余儀なくされ続けてきた訳ですが、明師の一竅『得道』によって根本の一竅が開かれた結果、背筋《せすじ》にある週流《しゅうりゅう》の門が開かれ、上丹田への上昇が適うことになりますが、中丹田から下丹田に陽精《ようせい》を降ろすこと事態、至難の業で決して容易なことではありません。

天道は暗黒の道（六道輪廻の地獄道）を光明の道に乗り換えさせて、人間究極の目的地へ導いてくれる錫杖《しゃくじょう》であり、世の中の苦海から極楽の彼岸へ渡らせてくれる法船です。ですから釈迦は、「三界内外、最も尊いのは、只道のみ」と謂われたのです。

その道がいま下丹田に於て正に開こうとしていますが、ここで心中の雑念を駆逐《くちく》しなければ、清水《せいすい》の中に汚泥《おでい》をかき混ぜるのと同じく、決して陰陽の気が交感して純陽の気を生み出すことはできません。つまり下丹田を抜けることができれば、その者は賢人であり、菩薩の資格を得ることが適うことから、楞厳経《りょうごんきょう》に「菩薩《ぼさつ》は慾《よく》を見《み》るに火《ひ》の坑《あな》を避《さ》けるが如《ごと》し」と戒めています。

これは僅《わず》かな欲も避け、ただひたすらに色相《しきそう》から逃れて如来《にょらい》を求める意気込みが伺《うかが》える言葉で、修道の難しさは此所《このところ》に在るといってよく、たとえ賢人と称されても下丹田に於ける清澄《せいちょう》の工夫《くふう》が成されなければ凡夫とかわりなく、世に於けるすぐれ者以外の何者でもない存在に終わってしまいます。無の心境になれといっても、中丹田に於ての無の心境と下丹田に於ての無の心境は自ら異なり、下丹田での無の心境は私欲、雑念一切を除去しなければなりません。

つまり陽精《ようせい》を妄動《もうどう》させてはならないからです。陽精を妄動させず、さらに清澄の工夫を加えると陽精は神気になるべく緩やかに上昇し始めます。虚空寂静《こくうじゃくじょう》の状況に陥《おちい》って、身《しん》外《がい》の相念の僅か一点もさまたげがなくなれば色《しき》・声《せい》・香《こう》・味《み》・触《しょく》・法《ほう》も発生の余地なく、貪欲《どんよく》さも、様々な不満も、迷いてぐちる愚かさも消滅し、心のかけらも跡形もありません。

ここに初めて、眼《げん》・耳《じ》・鼻《び》・舌《ぜつ》・身《しん》・意《い》の六根より起こる働き、色・声・香・味・触・法の六感《かん》六欲《よく》を支配する人心《じんしん》（血心《けっしん》）は退《しりぞ》き、返《かえ》って道心《どうしん》が、その者の心情を清浄《しょうじょう》にする働きが強まります。

大学に「止《とど》まることを（天性）知《し》りて、しかる後《のち》、定《さだ》まることあり、定まりてしかる後《のち》に、能《よ》く静《しず》かなり」とあります。これは玄関の一点を得て心定まれば、下丹田に於て禅定《ぜんじょう》が得られ、禅定が得られれば、自然と清静の域に達せられるという意味です。

このようにして一切の雑念を消滅できれば、六欲が妄動する余地がなくなり清明となるので、心に一毫《いちごう》の念も無くなり、もう何ものにも乱れることは無く上丹田に昇る資格を得ることになります。

故に「六根清浄《ろっこんしょうじょう》、六根清浄」と唱えて、法師《ほうし》や修法者《しゅうほうしゃ》たちは難行苦行を繰り返して身を清めるのですが、明師《めいし》による玄関の一竅《いっきょう》が無ければ決して六根清浄は適《かな》わないということが分かっていません。

なぜ下丹田に於てこれ程迄の過酷な要求が為されるのかと言えば、下丹田から上丹田へ登る道中にそれを阻《はば》むものがいるからです。それは人間の六感六欲《ろっかんろくよく》が生み出す私欲雑念《しよくざつねん》を監視《かんし》して、そして神に報告する仕事を任務としている「三尸神《さんししん》」と称するものが、背筋《せすじ》に沿《そ》って各々《おのおの》三カ所、関所《せきしょ》を構えているからです。

これら「三尸神」の三関《さんかん》の阻《はば》みを破って上丹田に到る為には陽精《ようせい》の儘《まま》では適わないのです。下丹田に於て陽精をさらに修煉して神気《しんき》に化《か》し、そしてその清明《せいめい》なる純陽の気を以て週流《しゅうりゅう》の道を登らなければなりません。

古の聖人賢人が極楽天国への道を求めて、苦行難行して、如何に艱難辛苦《かんなんしんく》に耐えたか、それを守玄の修煉法が顕《あきら》かにしてくれています。

三《さん》尸《し》神《しん》（三《さん》毒《どく》とも称す）・上《じょう》尸《し》・中《ちゅう》尸《し》・下《か》尸《し》

妙訣は明師の示指を要す

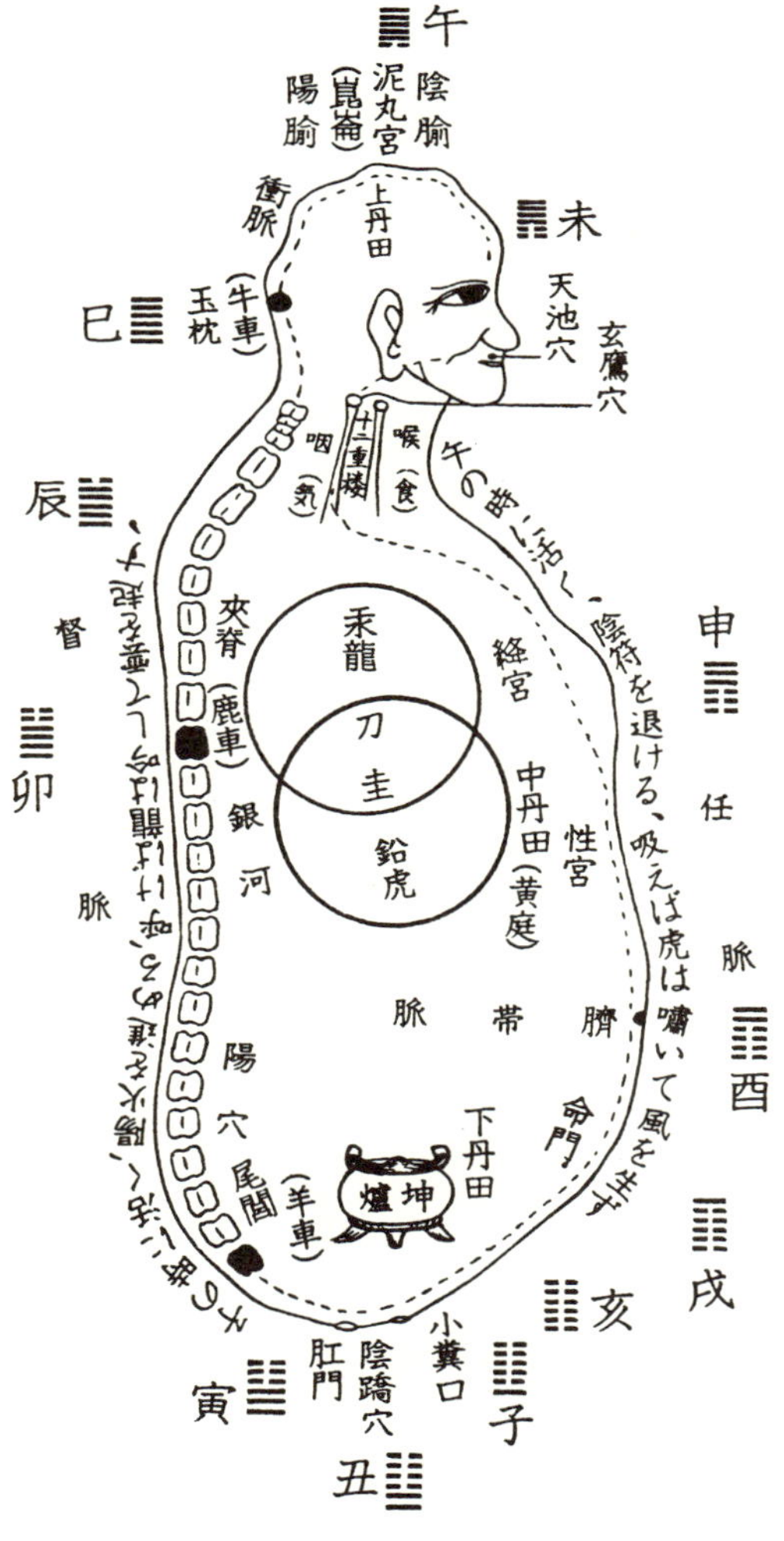

子（天気発生）　丑（腎堂に到る）　寅（玄枢に到る）

卯（夾脊）　辰（陶道）　巳（玉枕）

午（泥丸）　未（明堂）　申（膻中）

酉（中浣）　戌（神闕）　亥（気海に帰る）

【道書・達磨寶巻より】

生命が終わり死脱《しだつ》する時に、霊《れい》が霊の正門・玄関から出れば極楽天国に達することができますが、眼・耳・鼻・舌など七穴から出れば輪廻に墜《お》ちて亡霊となります。

その絶え間ない輪廻へと誘い込んでいく役割を果たしているのが、上尸《じょうし》・中尸《ちゅうし》・下尸《かし》の三尸神《さんししん》で、別名、三毒《さんどく》と称されます。

三毒とは貪欲《どんよく》、瞋恚《しんにん》（怒り）、愚痴《ぐち》の三つをいいますが、愚痴はグズグズ言うとか嘆くという意味ではなく、正しい知識もなく愚かでもって障害を身に受けることをいいます。つまり邪道、邪教に入って苦しむことなどを愚痴といいます。

誰にも欲念があるので、利《り》と益《えき》が覗《のぞ》けば、忽《たちま》ちそれを得ようとする誘惑が心に生じてきます。徳ある人はそれを抑《おさ》えますが、徳の少ない人は身の危険も顧《かえり》みず、勿論手段も選ばず手を出してしまいます。そしてそれが意《い》の儘《まま》にならないといって焦り、愚かにも奪わんと妄動してしまいます。そこに貪欲《どんよく》、瞋恚《しんにん》（怒り）、愚痴《ぐち》の三毒が暗躍して善の心を遠のかせて人心（血心）を乱して不善をなし、苦海（輪廻）に墜《お》ちてしまうのです。

徳も不徳も、善も悪も人間である限り誰にもありますが、天はその徳不徳、善悪の判断を見逃すことなく天のノートに逐一仔細《ちくいちしさい》に、詳細《しょうさい》に記載する術《すべ》を一人ひとりに施《ほどこ》しています。

それはつまり私達の体内に三尸神という神の使いが住み着いていて、毎庚申《かのえさる》と甲子《きのえね》の時刻に、睡眠中《すいみんちゅう》密《ひそ》かにその身を離れて天に昇り、ことの善悪、徳不徳を一つ一つ天に逐一《ちくいち》報告し、そしてふたたび戻って監視を続け、時が来れば同じように繰り返しては天に昇り報告し続けているという訳です。

天はこの報告を受けて、人生途上に於ける因果応報《いんがおうほう》を司《つかさど》り、さらにはその情報提供により来世での生年月日と生時を決め、そして来世での因果《いんが》を定めているという訳で、どんな小さな悪事でも天罰をまぬがれることはできないのです。

つまり「天網恢恢《てんもうかいかい》、疎《そ》にして漏《も》らさず」です。その三尸神には上尸《じょうし》・中尸《ちゅうし》・下尸《かし》の三神があり、上尸は玉枕関《ぎょくちんかん》に住し、中尸は夾脊関《きょうせきかん》に住し、下尸は尾閭関《びりょうかん》に住してことの善悪、徳不徳を片時も見逃すことなく監視しています。

これら三尸神が体内にいる限り、事の成り行きは天の法律を司る神々に報告され、ある時は速やかに因果《いんが》が行われたり、ことによれば時を経て施行《しこう》されたり、また事情によっては来世迄持ち越されたりする訳です。

従いこの三尸神が体内に存在している限り、いくらあがいても輪廻から逃れられる術はないのです。

守玄・3

「足《た》りるを知《し》るものは常《つね》に楽《たの》し、
能《よ》く忍《しの》ぶ者《もの》は自《みずか》ら安《やす》し」
百年に満たない人生に貪求《どんきゅう》しても
その結果は両手に無一物《むいちぶつ》である。

蟲《むし》の世界

命《いのち》あるものは、なぜ、死ぬのが怖いのか！

地獄道、つまり三途の川を渡った先にどのような途《みち》が待ち受けているのかを既に輪廻してきた記憶の中に知っているからこそ、自らの霊なる心が死を恐れ、その恐怖におののくのです。

なぜにこの世に於て人間だけが知恵を得てそして立って生活ができるのか、この世に於ける他の生物の凡ては天に背を向けて這《は》う形で以て生きているのに、それも極僅《ごくわず》かの知恵と、本能を持っているに過ぎないのに、その小さな虫ですら殺されるのを恐れて、生命の危険を察すれば逃げ惑うありさまです。

つまり「一寸の虫にも五分の魂」が在《あ》るといわれるように、生きもの全てが全て、死を恐れるのです。命在るものは、この世に生まれた瞬間から死に向かって生きていくという絶対使命を帯びて生まれてきています。つまり生老病死という四大苦が背負わされている訳ですが、人はそれを「なぜか、何故《なにゆえ》に」と自ら問うこともなく極自然に生命を受け入れて暮らしています。

それは人間として生まれた時、或は生きものとしてこの世に生を得た時、その瞬間からこの世に於て自らの意思を以て自由自在に、思うが儘《まま》に行動することができるからに他なりません。しかしこの世に生まれたその使命を悟る者は極少なく、その大方は死の直前になってはじめて辿《たど》り行く先に恐怖を覚えるのです。それは三途の川を渡れば冥途、即ち閻魔大王が管轄する地獄の世界であることを、自らの霊、つまり心に記憶があるからです。

もしも死後、自らの霊の故郷、理天《りてん》極楽へ帰れるとなれば何の恐怖がありましょう。

輪廻転生を繰り返してこの方、六万年来、汗水をたらし追い求め続けてきた幸せの極致である極楽へ、『得道』を授かった者皆が、余程の背信行為がない限り帰ることが適うとなればこれ程幸せなことはありません。

『幸せ』の法を得ずして地獄へ旅立つ者たちの哀れさを思うと、同胞としていてもたってもいられません。せめて我が身内の者だけでも極楽故郷へ導いてあげたいものです。その天命ある心法『得道』を授かった後は、至誠やまず、昼夜怠ることなく守玄の呼吸を以て気を清浄にし保つことが肝要です。

六万年間追い求め続けた極楽浄土への道、その扉を開けて戴いたのですから、あと一歩のところで消滅してしまわないように道を修めて、決して落伍者にならないようにすべきです。

天道には八つの道程があります。訪道《ほうどう》――求道《きゅうどう》――得道《とくどう》――悟道《ごどう》――修道《しゅうどう》――行道《ぎょうどう》――成道《じょうどう》――了道《りょうどう》と、漸次《ぜんじ》積み重ね、やがて道が成り徳が備わり、功果円満《こうかえんまん》となった暁《あかつき》には霊的自在《れいてきじざい》が得られますが、今は『得道』を授かった段階ですから、悟道と修道に努めることが肝要です。

従い体内の濁気《だっき》、陰《いん》を守玄の呼吸法によって純陽《じゅんよう》の気に煉《ね》り上げることが『得道』以後の悟道となり、そして修道となりますが、その濁気《だっき》の濁《だく》の字の中に虫の字が収まっていること、お気づきですか。

外気（大気）つまり風にも体内にも蟲《むし》がウヨウヨしています。

気の流れは風、その風を吸う生物の凡てが体内に、風の字の中の虫を抱くことから、死後身体は腐り始めると虫がわきます。その蟲たちを体内から消滅してしまわぬ限り、極楽浄土は適いません。「虫けらども！」と人に向かって罵声《ばせい》を浴びせるのも、このような意味合いから言われるのでしょう。故に『得道』の効果、守玄が望まれる訳です。

つまり『得道』を授かった人は、死後の硬直や腐乱がないからです。

大気の虫も、霊の正門・玄関から入ってくる「元気」によって、下丹田に於て消滅され、そして元の元気の気、純陽の気へと練り上げられていきます。

下丹田に於て練り上げられた精気《せいき》は、次第に陰気を取り除いて、陽気と化し、上丹田《かみたんでん》に上昇する支度を調えます。そしてその純陽の気を以て体内三関《さんかん》に棲《す》む九蟲《きゅうちゅう》をことごとく退治することになります。退治しなければ人が天に背《そむ》き仇《あだ》すればする程、それを喜ぶのが三関に住まう九蟲の虫である訳ですから、天に数多くの罪状を報告されてしまいます。

『得道』を授かった者は、二度と閻魔大王の顔も十殿閻君《じゅうでんえんくん》の顔も見ることもなく、三途の川も渡らずに、神仏の来迎《らいごう》を受けて極楽天国へ戻ることができるのですから、『得道』以後の行いが如何に大切であるかを自覚しなくてはなりません。

しかし世の多くの人々は、このような因果律《いんがりつ》の仕組みを全くといっていいほど知りません。

天地人という言葉があるように、天の仕組み、地の仕組み、人の仕組みは名称や形は違えても理は一理で、只その内実は、我々には見えない、聞こえないということで理解ができないだけであって、霊界（三界）は皆同じような形態で以て成り立っているのです。

上丹田に陽気を上昇させる前に、それらの知識を知って理解し、進むことが必要です。

三界《さんかい》凡《す》て霊界《れいかい》

私達のこの世界、太陽系宇宙には三つの世界が同居しています。

その一つが、地上より上の気の世界、つまり宇宙空間と呼ばれる星の世界。

古の人はこれを指して「霊《れい》は星《ほし》に宿《やど》る」と称して、死後善者《ぜんしゃ》は天上に帰ることを明らかに表しています。一般の宗教や俗にいわれる精神世界での教えは、この気天界を指して極楽或は天国と称しています。しかし、気天界は有限の世界で、生前いくら修業したからといっても、また人々の為に尽くしたからといっても、最高五百年間の滞在しか許されない霊の世界でありますから、その大方は時期を待って人間にふたたび転生することになります。

故に「極楽へ行って、来世《らいせい》幸せに生まれましょう」といわれ、その為の修養、修行がなされるのが一般宗教の教えるところ、教義である訳です。つまり気天界は永《とこしえ》に幸せを味わう世界ではないのです。

そして二つ目は私達の住む人間世界、自然界。

この世界は形象の世界で時間、空間があり、何事も陰陽の自然界の中で物事が行われるので、常に精神的な苦労が伴います。つまり苦を味わう世界、苦海といわれる世界です。故に生命ある物は必ず、生老病死の四大苦が身に付随されているのです。特に人間は自然に対して順応し得る体ではないので、何事も知恵を以て対処し応じていかなくてはなりません。従い生老病死に加えて、さらに憂悲苦悩の四つが加えられています。

以上の八つの苦を背負う訳ですが、これは人間を中心にして気天界があり、地獄界があるが為です。つまり人間はあくまでも修道としてこの世に降ろされていますから、死後気天界に上るのか、或は地獄に行くのか、といった種々の因縁を生み出す所が人間世界である訳です。

さらにはこれまで行ってきた行状のその結果を、良しにつけ悪しきにつけ味わう所でもあります。ですから、この世での吉凶禍福、富貴貧賤は自らの過去、つまり前世、前前世にさかのぼって原因があるということになる訳ですが、その原因を逐一《ちくいち》天に報告しているのが、体内に棲《す》む三尸神《さんししん》です。

賞罰つまり原因あっての結果には、生活、病気、人間関係、事故、災禍など人生途上に於けるあらゆる出来事がそうで、精神的な悩みや病気など人生に関わること、その凡てが凡て因縁の現れなのです。良い結果を生み出すのも霊なる心、悪い結果を出すのも霊なる心ということになります。従い誰しも良い因縁、悪い因縁を持っているという訳ですが、その良い因縁の部分は残して悪い因縁の部分を消滅させる為には、九蟲を消滅させて、そして純陽の気を以て霊なる心の汚れを清めて、そして元の神なる純粋な心に蘇《よみがえ》らせることに努めることが守玄の大事となります。

霊なる心を元の純粋な心に立ち戻すことができれば、霊なる心は元々神の心ですから、生老病死、憂悲苦悩の八苦をことごとく超越し、楽の極地・極楽に到ることが適います。

精神や神経という言葉に示された**神**は**心**、精神異常、精神疾患、神経疲労は**心**の病といわれることから察すれば、**神**の**心**を取り戻して八苦を超越することができれば、「霊なる心」は常しえに楽を得て、長生を得ることになるという理屈が理解できるはずです。

そして地獄という世界ですが、十《よう》と一《いん》を組み合わせた文字が**土**、その土の下に存在する世界が、陰の世界、地獄である訳です。地獄界はまことに悲惨な世界で、一旦この地獄界に入り込んでしまうとなかなか抜け出すことはできません。なぜかと申せば、徳が積めないからです。

人間は孝《こう》・悌《てい》・忠《ちゅう》・信《しん》・礼《れい》・義《ぎ》・廉《れん》・恥《ち》の八徳を有し、四生つまり動物、鳥類、魚類、虫類は一徳《いっとく》を有するといわれ、一徳《いっとく》を積むことが許されていますが、地獄では罪の清算が優先されるので、先ずは徳を積める環境にはありません。ただ、地獄界には餓鬼、畜生、地獄の三段階がありますが、一番最下位の地獄に落ちなければこの世に居るその縁者が徳を積んで早く人間世界に生まれ変わらせることは可能です。

その多くは地獄での清算を終えて転生が適いますが、餓鬼《がき》といわれるように、その生まれや境遇は決してよくありません。但し人間に生まれ変わった喜びを善行に結びつければ、次回の転生に幸福を得ることが適います。

また畜生に落ちれば、その縁者がそれ相応の徳を積めば、その徳を以て人間に転生させることは時期を得て適いますが、その大方大部分は四生、つまり他の動物などに転生して生死を九回繰り返した後、人間へ転生します。これを「九死に一生を得る」といいます。

以上がこの世に於ける霊なる心が辿るところの四生六道輪廻という訳ですが、その意味を表しているのが、霊のもとの字、靈という字です。

靈という文字は雨、口、口、口そして巫《みこ》、以上の組み合わせで出来ています。なぜ靈という文字に雨という字が入っているのかと申せば雨は天から降った水靈も又しかりで、天から下ってきた巫である訳です。ですから人間は神の子と称されて、霊性あるありとあらゆる生き物の中でも『万物の霊長』とその位は最高位にあります。

そして口、口、口、これはこれまでの話から察していただければ分かっていただけると思いますが、気天界、象天界、地獄界の三つの世界を表しています。

巫は神の遣い、神のおつげを聞く者を意味します。

以上の三界に等しく並ぶ者という訳で、新漢字は霊、三つの口の部分を一つとしているのは、三界いずれも同じく因縁因果が存在するという法界《ほうかい》であるということです。従い私達は靈という心を以て、宇宙の中に存在するところの三界を旅していることを顕しています。

そのような輪廻の流れから離脱して、苦しみの無い喜びの世界に戻ることが、靈なる人間が追い求めてきた永年の願望です。

その願望が適い『得道』が得られたのですから、心機一転して「守玄」を励行し、自らの煩悩を洗い流して、清浄なる霊に立ち戻ることが大事です。その為にも先ず煩悩を断つことが大事で、煩悩が関われば、守玄に絶対必要な無心が損なわれ、集中力が散漫となってしまいます。心がいろいろなものに囚われることを、万物が付着するといいます。私達は常に誘惑に囚われて欲望をたくましくさせますが、生まれくる時も空手、死する時も空手であることを悟れば、この世で大を成しても為さなくても、出発点と到達点は誰一人違うことなく生死という現実でしかありません。ただ『得道』を授かった者だけが、この一生を終えた暁には四生六道から離脱して極楽天国に戻ることが適う訳ですから、何の執着が要りましょうか。

煩悩を去り、霊を清めることが大事ではないでしょうか。

守玄・4

丹経《たんきょう》に『朝《あした》に陽火《ようか》へ進《すす》み、
暮《く》れに陰府《いんぷ》に退《しりぞ》く』とは、
陰《いん》に順《したが》えば鬼邪亡霊《きじゃぼうれい》となり、
陽《よう》に順《したが》えば仏《ぶつ》・仙《せん》・神《しん》・聖《せい》となる。

三尸九蟲《さんしきゅうちゅう》

尸《し》とは亡者《もうじゃ》のことで、我が身に三尸神《さんししん》纏《まと》わり付いて離れず、とこしえに三途の川を渡らせますが、この時期、『得道』により明師《めいし》（点伝師《てんでんし》）の一竅《いっきょう》で以て尸《し》に一《いち》を冠《かん》むれば尸《し》は戸《かど》となります。

御聖訓に〔神仏の御言葉、諭し〕

『生我之門死我戸』とあります。訳せば「我を生みし門、我が死する戸《かど》なり」

つまり我が身に生をもたらした霊の入口、つまり霊の正門・玄関から霊が、我が身に入

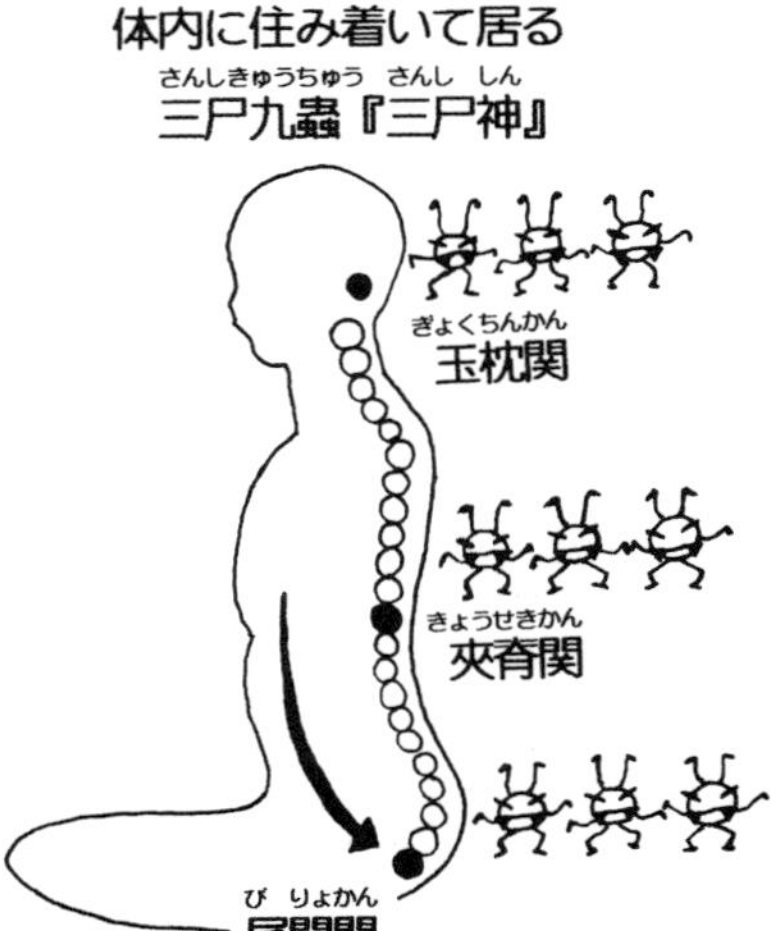

って、そして産声を上げて、この世に存在が適う訳ですが、その霊の正門・玄関から死後霊が出ることができれば、故郷、極楽天国に戻ることが適います。

故に『得道』により明師（点伝師）の一竅が必要となるのです。尸《し》とは亡者《もうじゃ》のことですから明師（点伝師）の一竅がなければ尸《し》、つまり亡者となって三途の川を渡って四生六道輪廻を余儀なくされるということです。

さらに

『三尸九蟲在人身』とあります。訳せば「三《さん》尸《し》九蟲《きゅうちゅう》は人身に在り」背筋《せすじ》に沿《そ》って、三尸九蟲の地獄の使者は三カ所、関所《せきしょ》を構えて極楽浄土への道を阻害《そがい》しています。

明師（点伝師）の一竅によってふたたび開かれた霊の正門・玄関なる戸は、地獄の使者である三尸神を斬《き》って滅《め》するところの真陽《しんよう》の気を、体内に於て生み出す為に、理天極楽の気「元気《げんき》」を霊の正門・玄関から体内に呼入《よびい》れ、体内の濁気《だっき》を純陽《じゅんよう》の気に変化させます。そして我が身の『霊なる心』を極楽天国に招き入れる準備を始めるのです。

つまり『得道』による明師（点伝師）の一竅は、御聖訓に

『斬去三尸上十洲』と述べられ、訳せば「三尸《さんし》を斬《き》り去《す》て十洲《りてん》に上《のぼ》る」

と、つまり理天極楽に上ることが適うと言われます。
さらに御聖訓に明師（点伝師）の一竅を得れば

『一竅通時竅竅通』とあります。訳せば「一竅《いっきょう》通《つ》ぜば竅竅《きょうきょう》通《つ》ず」と、『得道』を授かれば、三戸神の居る三つの関所をことごとく消滅させて通り抜けることが適い、陽気は中丹田から下丹田そして上丹田へと週流して人の心を神の心へと、つまり霊を神格化させます。

そして続いて御聖訓に『九蟲消滅壽長生』とあります。

つまり訳せば「九蟲《きゅうちゅう》、消滅《しょうめつ》せば壽命《じゅみょう》は長生《ちょうせい》（永遠）となる」という意味です。

超生了死《ちょうせいりょうし》の世界（生死を超越《ちょうえつ》）、つまり極楽天国に帰って永遠に生き続けることになります。しかるに人々は、六万年という永き時間の流れの中に身を置き過ぎて、そして幾度も幾度も輪廻転生を繰り返してしまった結果、極楽天国へ戻る道があることも、一戸《とびら》を開ければそれで済むことも知らず、しかも望まずに、ふたたびと輪廻転生の地獄道へ墜ちていこうとしています。

ところが今の人々はこのような話をしても大概の方は関心がないようで、地獄、極楽という存在すら認めようとはしません。その上、三尸《さんし》九蟲《きゅうちゅう》が我が身の体内に存在する話など、まことに信じ難いことと思いますが、その存在は言葉を以て既に顕《あきら》かにされています。

たとえば

「虫の居所が悪い」……機嫌が悪い状態。

「虫の息」……死が近い状態。

「獅子身中《しししんちゅう》の虫《むし》」……獅子《しし》の体内に棲《す》んで恩恵を蒙《こうむ》っている虫が、かえって獅子の肉を食ってこれに害毒を与えるという意味で、これは仏徒《ぶっと》でありながら仏法《ぶっぽう》に害を為すもののたとえ。また内部にいて恩恵を受けながら、害を為すもののたとえでもあります。

「虫けら」……虫を卑《いや》しめていう語《ことば》。また取るに足りない人を卑しめて言う。

「虫酸《むしず》が走る」……口中に虫酸（胃液）がでて吐《は》き気をもようす。転じて、ひどく忌《い》み嫌《きら》うたとえに使われる。

「虫の知らせ」……何の根拠も無く、何か悪いことが起きそうな不安を感じること。

「虫食《むしば》む・蝕《むしば》む」……虫が物を食い、その形が損なわれるの意だが、転じて体や心を病気や悪習《あくしゅう》など、損なう意味の言葉として使われる。

「虫早《むしばや》し」……気早《きばや》である。性急《せいきゅう》である。短気だ。

「虫気《むしけ》」……腹痛を伴《ともな》う病気の総称。

「虫封《むしふう》じ」……子供にある「虫気《むしけ》」や不眠、癇癪《かんしゃく》（癇《かん》の虫）などの病症が起こらないようにおまじないをすること。

また「癇《かん》の虫が治まらない」「癇《かん》の虫が起こる」などと言われるように、昔から体内には虫が居るとされ、体の状況やその時々の感情の変化に於て、応じて使われてきています。

その虫たちが九蟲であり、その九蟲を管理支配し、使役する主が三尸神なのです。

つまり九蟲の蟲《むし》が集めた、その者の情報をまとめて、天に報告する役目を担っているのが三尸神という訳ですが、それも神という名が付けられています。

三尸神が告《つ》げる詳細《しょうさい》な功罪《こうざい》を天の法律主《ほうりつしゅ》が簿冊《ぼさつ》に逐一仔細《ちくいちしさい》に記録し、それを地獄の閻魔《えんま》大王《だいおう》の元に送り死後の賞罰罪状《しょうばつざいじょう》を審判《しんぱん》させる訳ですが、閻魔大王《えんまだいおう》は地獄の統括者《とうかつしゃ》ですから、賞罰罪状は、地獄の第一殿の泰廣王《たいこうおう》に届けられ、そしてそこで審判され、亡者の今後の行き道が定まる訳です。地獄は陰府《いんぷ》（陰《いん》を司《つかさど》る所）と称せられ、三途の川を渡ってきた尸《し》即ち亡者《もうじゃ》の生前の生きざまを垣間見て、四生六道のいずれかに配属させるのですが、俗に六道辻《ろくどうつじ》といわれるように、それぞれ清算の為の進みいく道があります。

気天界《きてんかい》・阿修羅界《あしゅらかい》・人間世界の三つの界は地上より上にあり、地上より下には餓鬼界《がきかい》・

畜生界《ちくしょうかい》、地獄界《じごくかい》の三つの界があります。気天界に上ることができる亡霊《ぼうれい》は、その良き行いと質により判別され、比較的温容な質を持つ霊なれば気天神に属し、活動的で剛強な質の霊は阿修羅神に属すといったように判別されます。

そして日月星神《にちげつせいしん》の神として子孫や人々の加護の任が与えられるわけですが、それもまた転生する時が至れば人間として生まれ変わっていく宿業を負わされています。

そして人間世界ですが、これは今我々が暮らしているこの世のことですが、霊性《れいせい》ある生物として人間以外には、動物（胎生《たいせい》）が居り、鳥類（卵生《らんせい》）が居り、魚類（湿生《しっせい》）が居り、虫類（化生《かせい》）が居ます。

特に人間は転生するに際して、どこの国の、どの地域に、どのような親の元に生まれさせ、どのような人生を辿《たど》らせるのか、男女の別、寿夭《じゅよう》（寿命）、さらには富貴貧賤《ひんせん》、吉凶禍《か》福《ふく》といった数多くの条件がこれまでの功罪に照らし合わされて、地獄第一殿の泰廣王《たいこうおう》の元で先ず審議《しんぎ》されます。そして人間世界にふたたび転生させる場合は、その功罪の記録は第十殿の轉輪王《てんりんおう》の元へ送られ、人間或は四生のいずれに生まれ変わるか、霊自らの希望は一切入れず審判《しんぱん》されます。気天界、阿修羅界、人間界への道が決まれば幸いですが、ただ四生ともなると、少々考えてしまいますが、意に反して閻魔《えんま》大王である東獄大帝《とうごくたいてい》のもと、地獄界に留め置きとなれば、この世は地獄といわれる人間世界の方が、まだましでしょうか。

地獄の様子を中国の古書「玉歴寶鈔《ぎょくれきほうしょう》勧世文《かんぜぶん》」の絵図によってみれば、次の如くです。

一殿秦廣王

城隍
罰惡司
土地
賞善
罰惡
賞善司

白無常
黒無常
査察司
青神
捉拿
天下太平
一見生財

鬼王
判官
日遊巡
日巡
夜巡
夜遊巡

馬面
牛頭

靈霄寶殿

東獄大帝

幽明教主地藏王菩薩

酆都大帝

威靈顯赫

地獄第一殿の泰廣王の審判によって地上の上三界から外された亡霊は、第一殿から第九殿へと罪状に従い順々に送られることになります。

先ず最初の第二殿には楚江王が居られます。

ここは司掌大海之底、正南沃燋石下、活大地獄と称せられ、広さは他の大地獄と同じく縦横五百由旬（一由旬は六町一里で40里・30里・16里などともいう）の広さがあり、そしてその中にも同じく、十六の小地獄があるといわれます。

第二殿の大地獄には次なる小地獄があります。

一・黒雲沙小地獄　二・糞尿泥小地獄　三・五叉小地獄　四・饑餓小地獄
五・飛火小地獄　六・膿血小地獄　七・銅斧小地獄　八・多銅斧小地獄
九・鐵鎧小地獄　十・幽量卜小地獄　十一・鶏小地獄　十二・名灰河小地獄
十三・斫蔵小地獄　十四・剣葉小地獄　十五・狐狼小地獄　十六・包心小地獄

続いて地獄の第三殿には宋帝王《そうていおう》が居られ、ここは司掌大海之底、東南《とうなん》沃燋石下、黒蝿《こくじょう》大地獄と称せられ、生きものを殺したり、盗みを働いたりした者が落ちる地獄です。

続く地獄の第四殿には五官王《ごかんおう》が居られ、ここは司掌大海之底、正東沃燋石下、衆合大地《しゅうごう》獄と称せられます。

続く地獄の第五殿には森羅王《しんらおう》が居られ、ここは司掌大海之底、東北沃焦石下、叫喚《きょうかん》大地獄と称せられます。

続く地獄の第六殿には下《げ》城《じょう》王《おう》が居られ、ここは司掌大海之底、正北《せいほく》沃焦石下、大叫喚《だいきょうかん》大地獄と称せられます。

第七殿には泰山王《たいざんおう》が居られ、ここは司掌大海之底、西北沃燋石下、焦熱大地獄と称されます。

さらに第八殿には都市王《としおう》が居られ、司掌大海之底正西《せいせい》沃焦石下、大焦熱《だいしょうねつ》大地獄と称せられます。

第九殿には平等王《びょうどうおう》が居られ、ここは司掌大海之底、西南《せいなん》沃焦石下、阿鼻《あび》大地獄と称せられます。

各々の地獄に於て刑罰を終えた亡者達は、第十殿の輪転王の元に送られ、今後の輪廻先が決められます。

高位高官
相
将
侯
公
孤児・未亡人・やもめ・孤独
鰥
獨
寡
孤
一般衆生
士農工商
工
農
商
士

卵生・鳥類
卵生
胎生
胎生・動物、獣
化生
湿性・化生
魚類、虫類

守玄・5

世で、最も得難いのは人身である。人間で、最も得難いのは道である。

地獄道への途《みち》を消滅させる真陽《しんよう》の気

下丹田《しもたんでん》に於て煉《ね》られた陽の気は次第にその純度を高めて、上昇が適うまでに気温を高めて陽火《ようか》に変じていきます。自然界にあっては、雨となって天から降った水が、太陽に熱せられて水蒸気となり上空へと上るが如く体内での陰陽の気が中丹田《ちゅうたんでん》から下丹田《しもたんでん》に到り、天の元気に煉せられて陽気と化すことを陽火《ようか》に転じるといいます。

陽火の最初の働きは、三尸神《さんししん》の三つの関所の内の最初の関所、下尸《かし》が管轄《かんかつ》する尾閭関《びりょうかん》、羊車《ようしゃ》と称されるところを通り抜けなくてはなりません。下尸《かし》は彭璚《ほうきょう》と称せられ、人の下焦《げしょう》善悪を管轄する関所で、この関所が通り抜けることができない限り、人間は延々と輪廻を続けなくてはなりません。つまり尾閭関なる彭璚が、第一関門となる訳ですが、ここで注目して戴きたいことは「下焦善悪《げしょうぜんあく》」を管轄するというその「焦《しょう》」という字です。「焦」の字は、こげる、やける、黒こげになる、熱い、苦しめるなどの意味があり、地獄の業火《ごうか》を思い浮かべる文字で、八大地獄のうちの一つである焦熱大地獄《しょうねつだいじごく》など、「焦」なる言葉はあまりいい印象には使われていません。つまり我々人間はこの世に居て好き勝手に、思い思いに生活をしていますが、天は天羅地網《てんらちもう》で、決して漏《も》らすことなく地獄の使者にその賞罰罪状《しょうばつざいじょう》の子細《しさい》を管理監督させているという訳です。

背中に地獄を背負って歩みいく人間、これが人間の本来の姿なのです。

因《ちなみ》に火という文字は地上より上にあって、燃え上がる炎《ほのお》の形で、燃える「火」の姿を表します。一方灬《れっか》は同じく「火」を意味しますが、上に昇るといった意味の「火」ではなく、字の脚《あし》につく文字です。

陰陽で言えば「火」は陽火《ようか》、「灬」は陰火《いんか》となります。従って陽火を以て下戸《かし》の「灬」の陰火を焼き尽くさなければ、尾閭関《びりょうかん》なる関所を通り抜けることはできないのです。つまり「灬」の陰火《いんか》は私欲の陰に属しており、この陰気を純陽《じゅんよう》の気に煉り上げることが下丹田に於ける修道でなければならないということになります。

「灬」の陰火《いんか》に従えば、つまり通り抜けることができなければ鬼邪亡霊《きじゃぼうれい》となり、純陽を煉って下戸の尾閭関を突破すれば仏・仙・神・聖となることが適います。

このように見ていくと霊《たましい》の旅路である四生六道輪廻は常に地獄の支配下に置かれ、決して逃れることができない状況下にあることが分かります。

道教《どうきょう》ではこれを退陰進陽《たいいんしんよう》の法《ほう》と称して最も難しい修道の箇所（天道で言われる牛未交替《ごびこうたい》の位置）とされ、古来より修煉者にとっては第一の関門とされたものですが、老中《ラウム》様は法船《ほうせん》（天壇《てんだん》）を下《くだ》し、弓長祖《ゆみながそ》（天然古仏《てんねんこぶつ》）に天命を賦《ふ》して、一般衆生の三関九竅《さんかんきゅうきゅう》の根本である霊の正門・玄関を、弓長祖の一竅《いっきょう》の鍵《かぎ》で以て開いて下さることになったのです。

その最初の関門が尾閭関《びりょうかん》です。そこには身中に寄宿《きしゅく》して、三関九竅の法輪《ほうりん》を阻《はば》み塞《ふさ》いでいるといわれるところの三蟲《さんちゅう》が待ち構えていて、陽火を尾閭関から上に昇らせないようにと待ち構えています。

尾閭関《びりょうかん》の尾閭竅《びりょうきょう》に住しているのは蟯蟲《きょうちゅう》、※（蟯《きょう》の羌《きょう》の元の字は羊《ひつじ》＝未《ひつじ》です）

龍虎竅《りゅうこきょう》に住しているのは胃《い》蟲、
命門《めいもん》竅に住しているのは肺《はい》蟲で、害をなすこと浅からぬものがあります。

この三蟲《さんちゅう》を消滅させて尾閭関《びりょうかん》を通り抜けると、脊髄《せきずい》に沿《そ》って陽火《ようか》は上昇が適う訳ですが、陽火はさらに陽光を増して「真陽《しんよう》」と呼ばれる程に煉られます。そして上昇を早めることになるのですが、次なる地獄の使者はさらに強力で阻害《そがい》を強めてきます。

第二の関所は夾脊関《きょうせきかん》の鹿車《かしゃ》で、中尸《ちゅうし》が住しています。

中尸《ちゅうし》は彭瓆《ほうしつ》と称せられ、人の中焦善悪《ちゅうしょうぜんあく》を管轄《かんかつ》します。

そこには夾脊関《きょうせきかん》を護る三蟲が待ち構えています。

玄枢竅《げんすうきょう》に住しているのは隔蟲《かくちゅう》、

夾脊《きょうせき》竅に住しているのは赤《せき》蟲、

神道《しんどう》竅に住しているのは肉《にく》蟲です。


真陽《しんよう》が夾脊関《きょうせきかん》を突き破ることができればいいのですが、三蟲の抵抗もさらに強く、守玄《しゅげん》の中に美色が舞い始めると、次第に眠気《ねむけ》が生じて夢の中へ誘われてしまいます。

そうなれば真陽《しんよう》が損なわれ、眠りの中に煩悩《ぼんのう》が生じてくるので真陽が消え、元の木阿弥《もくあみ》となってしまい、苦心や努力も無駄となってしまいます。こうなれば迷住《めいじゅう》して成道《じょうどう》が適わなくなってしまいます。

しかし、明師《めいし》（弓長天然古仏《ゆみながてんねんこぶつ》）の一竅《いっきょう》以て玄関を開破《かいは》された者は「一竅開《いっきょうひら》けば竅々《きょうきょう》開く」で、その恐れもなく、自然と夾脊関《きょうせきかん》を突き破って真陽は自然と上昇していきます。『得道《とくどう》』によって根本の一竅が開かれたら各竅《かくきょう》は相続いて開かれるからです。

ここにおいて法輪は、亦《また》、勢いよく上昇することになります。

次に待ち構えている関所は玉枕関《ぎょくちんかん》の牛車で、上戸《じょうし》の管轄《かんかつ》です。

上戸《じょうし》は彭琚《ほうきょ》と称せられ、人の上焦善悪《じょうしょうぜんあく》を管轄しています。

そしてそこには玉枕関を護る三蟲《さんちゅう》が待ち構えています。

陶道竅《とうどうきょう》に住しているのは白蟲《はくちゅう》、

天柱《てんちゅう》竅に住しているのは龍《りゅう》蟲、

玉枕竅《ぎょくちんきょう》に住しているのは伏《ふく》蟲です。

この玉枕関を通り抜けることができれば真陽は既に清静の心境に至っており、心に一毫《いちごう》の念もないので乱れることはありません。そうなれば三尸《さんし》九蟲《きゅうちゅう》はその形跡《けいせき》を消滅して性命《せいめい》の根基《こんき》は定まり、六欲の色《しき》・声《せい》・香《こう》・味《み》・触《しょく》・法《ほう》は決して発生しないので、三毒《さんどく》と称せられる貪欲《どんよく》・瞋恚《しんにん》（怒り）・愚痴《ぐち》も消滅し跡形もなくなっています。

そうなると既に神《しん》と化した真陽の気は、その後も上丹田《かみたんでん》に向かって上昇を続け、自らの霊《たましい》を磨き、そしてその霊性《れいせい》は常に変わらない聖道《せいどう》を知ることとなります。

守玄に依《よ》って、その性霊《せいれい》の由来を悟る者は、自然にして、常に清浄が得られるようになります。

守玄・6

『守玄《しゅげん》に於て「天橋《てんきょう》」なき守玄は功を為さず、
ただの肺呼吸なり。
従い吾が心の霊《たましい》を磨くこと能わず』

『法輪を転ずる』ことが適い、純陽の気が上丹田に昇ると次のような修道法上の言葉遣いがあります。

一《ひと》たび道《みち》を伝《つた》えて男女《なんにょ》に三花聚頂《さんかしゅうちょう》を点《ひら》く。
二たび道を伝えて男女に五気朝宗《ごきちょうそう》を点く。
三たび道を伝えて男女に嬰児出洞《えいじしゅどう》を点く。
四たび道を伝えて男女に薬苗降升《やくびょうこうしょう》を点く。
五たび道を伝えて男女に陰出陽入《いんしゅつようにゅう》を点く。
六たび道を伝えて男女に地雷発鳴《ちらいはつめい》を点く。
七たび道を伝えて男女に踰関過嶺《ゆかんかれい》を点く。
八たび道を伝えて男女に武煉文烹《ぶれんぶんぽう》を点く。
九たび道を伝えて男女に週天全功《しゅうてんぜんこう》を点く。
十たび道を伝えて男女に十月胎生《じゅうがつたいせい》を点く。

「一たび道を、〜〜〜、十やび道を」という言葉遣いは、つまり幾度も幾度もこれまで伝えてきた事柄についてくどくど申せばという言葉の表現ですが、本を正せば全て同じ意味合いを持つものをここでは、その名称を違えて言葉にし、物語っています。

つまりこの道法は、かつて四千年前に於ての道教に於て既に行われていたと伝えられる秘宝で、不老不死の妙薬を造る全過程が、天道の守玄として受け継がれてきたものです。三花聚頂《さんかしゅうちょう》も、五気朝宗《ごきちょうそう》も、嬰児出洞《えいじしゅつどう》も、薬苗降升《やくびょうこうしょう》も、陰出陽入《いんしゅつようにゅう》も、地雷発鳴《ちらいはつめい》も、踰関過嶺《ゆかんかれい》も、武煉文烹《ぶれんぶんぽう》も、週天全功《しゅうてんぜんこう》も、十月胎生《じゅうがつたいせい》も、

全てが全て、明師《めいし》から『得道』を授かって霊の正門・玄関を開破されれば、その玄関から元気が体内に入ってくるようになり、体内の気、陰気がことごとく陽の気へと変化していく週流《しゅうりゅう》の過程、つまり『法輪《ほうりん》を転《てん》ずる』という意味を言葉にいい表したものです。

「**一たび道**を伝えて」の「道を伝えて」とは、霊の正門・玄関を明師の一竅《いっきょう》によって開破すれば、人間その身を支配する霊《たましい》（心・性命）の故郷《ふるさと》、理天極楽への帰り道を知ることができるという意味です。

そして「男女に」とは、**老𡚸**の子供達皆に、という意味です。

従って霊の正門・玄関が開破されるということは『得道』以後の、その身、その体内に自然と『陽』の気、『元気』が玄関から取り入れられて全身に滞ることなく行き渡っていきます。中でも取り分け『得道』を授かった後の修道に欠かせないのが「守玄」である訳ですが、これは通常の呼吸法ではなく、道を得た者のみが習得することができる修道法です。即ち舌を上あごに付ける呼吸法「天橋」が取り入れられ、精神の統一が要求されます。

その守玄《しゅげん》によって「三花聚頂《さんかしゅうちょう》を点《ひら》く」ことになる訳ですが、「三花《さんか》」とは精気神《せいきしん》のこと。つまり精気《せいき》、陽気《ようき》、神気《しんき》を意味します。

濁気とはこの世の大気中に含まれている汚れた気を意味しますが、人は生まれてこの方、この汚れた気を吸って生き永らえている訳ですが、易学的に解釈すれば陰の気ということになります。

その陰の気の中に陽の気である綺麗な気が含まれてあるので、人は呼吸をしてその綺麗な気を肺に取り入れるのですが、一般では酸素を吸収する意味で「肺呼吸」といわれます。

呼吸することによって酸素を血液に吸収し、そして全身くまなく酸素を循らせていますが、これだけでは血液中のよごれを浄化することができても、体内部の六根清浄《ろっこんしょうじょう》はできません。しかし天道の『得道』を授かると、六根清浄が適い、心身が健全となっていくのでアトピーや喘息《ぜんそく》、それに因果応報《いんがおうほう》によるあらゆる病気が癒《いや》され、さらにはアルツハイマー、ボケなどにかかることもなく、かかってもその病状はいたって軽く、周囲の人に迷惑をかける程でもない軽い症状が僅《わず》かながら報告されています。

これらは、身体に関しての『得道の効果《とくどうのこうか》』の僅かな一例に過ぎません。

つまり「三花聚頂を点く《さんかしゅうちょうをひらく》」とは、体内の陰気を浄化するために、霊の正門・玄関から取り入れられた元気《げんき》と呼吸法で取り入れられた濁気《だっき》を先ず、守玄によって胸の位置にあるといわれる中丹田《ちゅうたんでん》まで下ろして混合《こんごう》し温《あたた》めます。その温めた気を精神統一した一念で以て下丹田《しもたんでん》へ、ゆるやかに徐々に下ろしていきます。この下丹田で大気の濁気を、温容な陽の気に化して上昇する気、精気を造り出します。

下丹田までは『得道』を授からなくても修行次第では気を下ろすことは可能です。つまり元気は大気にも含まれてあるからです。しかし下丹田に於て精気に化すだけの元気の分量は大気には含まれていませんから、従って体内に気を週流させることができません。

一方『得道』による効果は、下丹田から上丹田へ上昇させることができる陽の気・精気を自然のうちに造り出してしまいます。

「三花《さんか》」のうち、元気を以て濁気から温容《おんよう》の気、陽の気を生じて一花《いっか》（華）、そしてそれを下丹田に下ろして精気の二花《に》（華）に化し、その精気の陽気は背筋《せすじ》に沿《そ》って上丹田《かみたんでん》に昇っていく訳ですが、通常の呼吸法では昇らせることは到底適いません。
明師《めいし》の一竅《いっきょう》を以て霊の正門・玄関が開破されると、『一竅《いっきょう》（玄関）開《ひら》けば竅竅開《きょうきょうひら》く』の言葉に従い尾閭関《びりょうかん》（羊車《ようしゃ》）、夾脊関《きょうせきかん》（鹿車《かしゃ》）、玉枕関《ぎょくちんかん》（牛車《ぎゅうしゃ》）の三関門《さんかんもん》がことごとく開かれ、精気《せいき》は次第にゆるやかにして神気《しんき》に化《か》しながら、頭上にある上丹田《かみたんでん》へと昇《のぼ》りつめていきます。

即ち神気が三つ目の花《はな》（華《はな》）で、「聚《しゅう》」とは集まるという意味で、精気神の三つの気が上丹田に集まる、即ち純陽《じゅんよう》の気、神気となるという意味です。そして「頂《ちょう》」とは頭上の上に存在する上丹田に、精気神の三つが一つとなって昇るということです。

つまり以上の法を以て体内の気を週天《しゅうてん》させることを「法輪《ほうりん》を転《てん》ずる」といい、「法輪《ほうりん》を転《てん》ずる」作法を繰り返し幾度も行っていれば、次第に体内の濁気が浄化され、健全な身体が造り出されて、身体に纏《まつ》わるあらゆる病が癒《いや》されるという訳です。

「二《ふ》たび道《みち》を伝《つた》えて、男女《なんにょ》に五気朝宗《ごきちょうそう》を点《ひら》く」とは、
「五気《ごき》」とは、木・火・土・金・水の五つの気のことで、つまりこの世の中の全てが全て、

以上の五つの気で以て成り立っており、人間の身体、体内もしかりで、例外ではありません。あくまでも陰陽《いんよう》の気の世界に存在する限りは、その領域を出ることは適いませんから、私達の生活は気の流れに従って物事を行うことになります。

日頃の言葉遣いをよく観察すればわかることですが、気分がいい、お加減はいかがですか、好き、嫌い、イライラする、落ち着く、悩む、苦しむ、笑う、泣くなどその一部始終が五つの気の働きによるものであることが理解できます。

ならばその創造《そうぞう》のもと「宗《もと》」に「朝《かえる》（帰る）」には、体内の五つの陰陽の気が一つになって、「宗《もと》」の純陽の気、神気に戻れば、理天極楽の気と同化《どうか》することができるようになります。つまり因縁因果によって汚《けが》れた自らの霊《たましい》を、純陽の気、神気で以て「宗」の霊（心）に戻すことができれば「朝《かえる》（帰る）」ことが適うという訳です。

「三《み》たび道《みち》を伝えて男女に嬰児《えいじ》出洞《しゅつどう》を点く」とは、

「嬰児《えいじ》」とは赤子《あかご》のこと。純粋無垢《じゅんすいむく》で汚《けが》れの無い霊を持っている子供(孩《がい》)を意味します。

「出洞《しゅつどう》」とは、先で学んだ『生我之門死我戸』

つまり我《われ》を生《う》みし門《もん》、我《わ》が死《し》する戸《かど》のことで、霊の正門・玄関のことですが、ここでは玄関の奥に霊なる心が座しているので、「洞《どう》」つまり玄関の奥のことを洞窟《どうくつ》と表現しています。「出洞《しゅつどう》」つまりその洞窟《どうくつ》の戸《と》を「点《ひら》けば」一歩にして理天極楽に到着することが適います。それはつまり洞窟《どうくつ》の中は四門、眼・鼻・耳・口に繋がっていて、霊なる心がその四門から出れば四生六道輪廻《ししょうろくどうりんね》の世界、気天界《きてんかい》、象天界《しょうてんかい》、地獄界《じごくかい》の三界《さんかい》に戻ってしまいますから、「点《ひら》けば」、霊なる心が明師の一竅に依って開破されて霊の正門・玄関（洞窟）から一歩外に出れば理天極楽の世界であるという意味です。

今当《いままさ》に三界《さんかい》に囚《とら》われている霊《たましい》の洞窟《どうくつ》の戸《と》を「点《ひら》き」、理天極楽に救い帰さんと『得道《とくどう》』を奨めています。

母親の体内から生まれ出た瞬間、神の妙法《みょうほう》を以て霊の正門・玄関から霊なる心が入れられ、そしてその心が声を出して泣く訳ですが、その玄関はまた一瞬にして閉じられてしまいますが、その閉じられた玄関から死後霊が出られれば、その霊は神の世界に戻ることが適う訳ですが、なにせ人間は神ではありませんから、自らの力で以て玄関を開くことができません。

霊の正門・玄関が閉じられたまま人が死ぬ時、四つの門（眼《げん》・耳《じ》・鼻《び》・舌《ぜつ》〔口〕の七つの穴）から出て、三途の川を渡り冥途《めいど》へと旅立っていくことになります。人は死ねば、自らの霊が四生六道輪廻することを心の奥底に知っているからこそ、人は死ぬことを非常に恐れるのです。故に冥途においての「冥福を祈る」のです。

この世に生を得た瞬間、霊が身体に入った門、その霊の正門・玄関を明師《めいし》の一竅《いっきょう》によって開いておけば、死に対する恐怖から逃れて安心を得ます。そうしておけば、死ぬに際して何の苦痛もなく、安楽のうちに霊は理天極楽に旅立つことができるので、これを安楽死、まことの大往生《だいおうじょう》と称せられます。

「四たび道を伝《つた》えて男女《なんにょ》に薬苗降升《やくびょうこうしょう》を点《ひら》く」とは、

人はこれまでの長い六万年間の間、常に因果応報《いんがおうほう》という報《むく》いを背負《せお》いながら只一途《ただいちず》に幸せを求め続けてきましたが、求めることが適わず、輪廻し、そして生死を繰り返し続けています。その結果、因縁因果が霊《たましい》に纏《まと》わりついて離れず、これまで数え切れない程の四生輪廻の旅路が繰り返されています。

この世に生を得た時、つまり生年月日と生時が、この世に於ける清算因果《せいさんいんが》となり、その生涯がその結果を物語っています。

それも今の一生は、六万年来の因縁因果の極一部の清算に過ぎません。

つまりその因縁因果が霊の病（心の病気）と呼ばれるものなのです。

霊の病はこの世のいかなる力（科学・医学）を以てしても治療することは不可能です。

霊の病は神の領域であるので、人間の力ではどうすることもできません。

そこで老中は、その霊の病を癒す為に『得道』の法を下ろされたのです。その真の理由は、霊の病を治さぬ限りは理天極楽に帰ることができないからです。つまり「薬苗《やくびょう》降升《こうしょう》を点《ひら》く」ということは、明師《めいし》の一竅《いっきょう》によって開けられた悟りの門・玄関から『元気』が入ってきます。その元気は鼻筋《はなすじ》を通って口《くち》に辿《たど》り着きますが、喉筋《のぞすじ》（十二重楼《じゅうにじゅうろう》）に下《くだ》っていくには口の中の舌《した》で以て橋渡し、つまり『天橋《てんきょう》』をしなくてはなりません。天道の守玄《しゅげん》では、この天橋《てんきょう》が最も重要な役割を果たします。

即ちこの折りに天橋《てんきょう》より下る甘露《かんろ》が中丹田《ちゅうたんでん》を経《へ》て下丹田《しもたんでん》に下《くだ》り、そして練《ね》られて三関《さんかん》を通過し、そして泥丸宮《でいがんきゅう》を経《へ》て、玄関に昇るという訳ですが、守玄に依る甘露《かんろ》がなければ、幾ら守玄を行っても濁気を精気に、精気を神気に化すことはできません。

故にこの甘露を「薬苗」と称して、体内の汚れを浄化し、尚且上丹田に昇れば、そこに居る霊の永年の因果を取り除いて、そして真に綺麗な本の霊の姿へと変貌させるのです。

この甘露《かんろ》こそが霊の病を治す薬の苗「薬苗」といわれるもので、道教では金丹《きんたん》、仏教では舎利《しゃり》と称せられます。

「五たび道を伝《つた》えて男女《なんにょ》に陰出陽入《いんしゅつようにゅう》を点《ひら》く」とは、

玄関から取り入れられた元気が、姿を現したものが『甘露《かんろ》』、その『甘露』が純陽の気、陽気に当たり、そして濁気《だっき》、即ち大気のことで陰気《いんき》と称します。

従いこれまで述べています、「法輪《ほうりん》を転《てん》ずる」の法は週天《しゅうてん》といわれ、身体の前から下り、そして後ろから昇る法輪回転《ほうりんかいてん》の道《みち》即ち霊を浄化する道のことをいいますが、その経路《けいろ》、その過程に於て陰気を浄化して退《しりぞ》け、そして陽の気に化していく訳ですから「体内から陰気を出し、陽気を入れる」と、かく表現され、全て週流の道は霊の正門・玄関を「点《ひら》く」この天の妙法《みょうほう》『得道《とくどう》』にあることを表しています。

「六たび道を伝えて男女《なんにょ》に地雷発鳴《ちらいはつめい》を点《ひら》く」とは、

老中の子供達皆に道『得道』を伝えたその謂《い》われは「地雷発鳴《ちらいはつめい》を点《ひら》く」ところにあります。その「地雷発鳴」とは、易《えき》に謂《い》う「地雷復《ちらいふく》」の卦《け》「☷ ☳」に意味が託《たく》されてあります。この「復《ふく》」という卦は、下の方の卦が『震《しん》・☳』即ち雷《かみなり》で、上の方の卦が『坤《こん》・☷』

即ち地《ち》であります。これを「地雷復《ちらいふく》」の卦《け》「☷ ☳」といいます。

この「地雷復・☷ ☳」の卦を看《み》ますと、一番下の爻《こう》一つが陽《よう》⚊であって、あとは残らず陰《いん》⚋です。つまり易の流れでいえば「地雷復・☷ ☳」の前の卦が坤為地《こんいち》☷ ☷で、全て陰⚋の卦でしたが、それが次第に下から陽気《ようき》⚊が芽生えはじめて、地雷復《ちらいふく》・☷ ☳の卦に変化したという訳です。

つまり、下の方の卦が雷《かみなり》の卦《け》、☳《しん》に変化した訳ですが、この変化を易では「一陽来復《いちようらいふく》」といいます。これまで陽の気が衰えていたのですが、地の底から陽気⚊がだんだん起こってきて、それが空に昇って雷となって、そして響きわたるという姿を表わしています。

この有様を例えて言えば、冬がいよいよ極点《きょくてん》になり、寒中《かんちゅう》になって、それから寒《かん》が過ぎて、また春が復《かえ》ってくるというような状況をいいます。

また卦で説明すれば、
陽《よう》の爻《こう》、⚊は一番下にありますが、ややもすれば上の方の陰《いん》の爻《こう》、⚋におされがちですが、元々、陽は力あるものですから、この力を充分に奮《ふる》い立たせて、間違いかけたのを、正しい道、天道に戻していくということを意味しています。

これを「遠《とお》からずして復《かえ》る」といいますが、つまり一度は正しい道、天の道を失《うしな》いかけたけれども、その間違いが続かないうちに正しい道に帰るという諭《さとし》の言葉となります。故に易では「元吉《げんきち》なり」で、これからずっとその正しい道、天道を続けていくことができるといいます。

人間ははじめから偉人でも賢人でもありませんから間違いをすることはやむ得ません。しかしながら孔子《こうし》様も言われるように、過《あやま》っても改《あらた》めないのが本当の過《あやま》ちで、過《あやま》って改めれば正しい道に復ることができるのですから、「遠《とお》からずして復《かえ》る」という心持ちが大切です。常に己《おのれ》を反省している者は、必ず「遠からずして復る」つまり『得道』を授かり天に帰ることができるという訳です。

以上の易の解釈を、「守玄」の呼吸法に切り替えて、当てはめてみれば、『得道』を授かる前の身体は、この世の大気（陰気即ち濁気）を吸って体内に大気を充満《じゅうまん》させていました。ところが『得道』以後の呼吸は、通常と変わりなく大気による呼吸法で日々を凌《しの》いでいますが、もう既《すで》に「守玄」は始まっており、霊の正門・玄関から元気《もとのき》が体内に吸収され、大気に混じって中丹田《ちゅうたんでん》から下丹田《しもたんでん》へと運ばれています。

そして下丹田に於て上丹田《かみたんでん》へと上昇する陽気が造られる訳ですが、その陽気（精気《せいき》）のことを、道教では『震《しん》・☷』即ち「雷《かみなり》」と言い表しています。

つまり「雷」となった精気が、『一竅《いっきょう》（玄関）開《ひら》けば竅竅開《きょうきょうひら》く』の言葉に従い、尾閭《びりょう》関《かん》（羊車《ようしゃ》）～夾脊関《きょうせきかん》（鹿車）～玉枕関《ぎょくちんかん》（牛車《ぎゅうしゃ》）の三関門《さんかんもん》を、次第にゆるやかに上昇して神《かみ》気《のき》に化《か》しながら、頭上にある上丹田へ到《いた》るのです。この状態を「地雷発鳴《ちらいはつめい》」といいます。

つまり「地雷発鳴」の言葉を簡略に解釈すれば、「地《ち》（下丹田《しもたんでん》）から雷《かみなり》が発生《はっせい》して鳴《な》り響《ひび》く」という意味となり、精気がみなぎってくる様子を表わしています。

『得道』を授かる前の身体は濁気《だっき》に触《ふ》れて先天《せんてん》の仏性《ぶっしょう》（純粋《じゅんすい》なる霊《たましい》）も汚《けが》れ、最早《もはや》理天極楽へ戻る資格すら失《う》せてしまっています。

ところが、しかるべき時機に『得道』に出合って、ふたたび元の姿、先天《せんてん》の仏性《ぶっしょう》へと回復してくると、本来の霊性が道に目覚め、純粋無垢な霊に戻るべく雷（精気）が活動をはじめるという訳です。つまり霊性《たましい》の道を「点《ひら》く」ということです。

老中様は『得道』以後の子等の、その状態を易に例えて「地雷発鳴《ちらいはつめい》を点《ひら》く」とおっしゃったのです。

「七たび道を伝《つた》えて男女《なんにょ》に踰関過嶺《ゆかんかれい》を点《ひら》く」とは、

やはり、「守玄《しゅげん》」による呼吸法「法輪《ほうりん》を転《てん》ずる」に関《かん》しての解釈で、「踰《ゆ》」とは踰《こえ》ると読み、「関《かん》」とは、背筋《せすじ》にある尾閭関《びりょうかん》（羊車《ようしゃ》）、夾脊関《きょうせきかん》（鹿車《かしゃ》）、玉枕関《ぎょくちんかん》（牛車《ぎゅうしゃ》）の三関門《さんかんもん》を意味しています。

従い『一竅《いっきょう》（玄関）開《ひら》けば竅竅開《きょうきょうひら》く』ですから、男女全ての体内に具《そな》わる法輪回転《ほうりんかいてん》の道《みち》（霊《たましい》を磨き、浄化させる道。玄関から中丹田、そして下丹田への脈絡《みゃくらく》）を通過させ、最も難関といわれる三関の嶺《みね》をも無事に踰《こ》え、上丹田の崑崙山《こんろんざん》、泥丸宮《でいがんきゅう》を過ぎて、霊の正門・玄関に至ることができるように、老中は『得道』によって道を「点《ひら》き」ますということです。

体内を浄化させることは、六根清浄《ろっこんしょうじょう》という意味にもなり、本来の純善《じゅんぜん》なる霊《たましい》（霊性《れいせい》）に返る為の鍛錬《たんれん》でもありますから、法輪回転《ほうりんかいてん》の道が開かれるということは、霊性を持つ身にとってはまたとないチャンスでもある訳ですから、この時機に於て『得道』を逃すことは、極楽をあきらめて地獄へいくことを意味します。

「八たび道を伝《つた》えて男女《なんにょ》に武煉文烹《ぶれんぶんぽう》を点《ひら》く」とは、八《や》たび道を伝えて男女に不老長寿《ふろうちょうじゅ》の妙薬《みょうやく》、金丹舎利《きんたんしゃり》を造《つく》り出す道を「点《ひら》く」という意味ですが、その製造過程とその作法は「武煉文烹《ぶれんぶんぽう》」のことだと明らかに語ってくれています。

つまり『得道』を授かった後、霊の正門・玄関から元気が体内に入り、鼻より口へと下ってきます。

その口に於ての「天橋《てんきょう》」の仕草《しぐさ》に従い甘露《かんろ》がわき出《い》ずると、その甘露《かんろ》が中丹田《ちゅうたんでん》に降《くだ》っていきます。そして中丹田に於て甘露《かんろ》と大気が交《ま》ざり熱《ねっ》せられて金丹舎利《きんたんしゃり》の薬物《やくぶつ》の走《はし》りとなる訳ですが、「武煉文烹《ぶれんぶんぽう》」と書かれてあるので、中丹田に於ては文火《ぶんか》、つまり弱火《よわび》を以て「烹《ぽう》」つまり煮詰《につ》めて練《ね》り上《あ》げ、そして温《あたた》めていきます。この修法を「烹煉《ほうれん》する」といいます。

そしてこの過程《かてい》で出来た温容《おんよう》な気《き》を次第に、徐々《じょじょ》に下丹田へと降ろし、さらに温めて練り、温和な精気《せいき》に仕上げ、背筋《せすじ》にある法輪《ほうりん》の道《みち》を上昇させて尾閭関《びりょうかん》より夾脊関《きょうせきかん》に上《のぼ》り、さらに玉枕関《ぎょくちんかん》の昆崙山頂《こんろんさんちょう》に到《いた》り、そして霊の正門・玄関の中《うち》に載《の》せます。

そこで「武煉文烹《ぶれんぶんぽう》」と書かれてあるので尾閭関《びりょうかん》～夾脊関《きょうせきかん》～玉枕関《ぎょくちんかん》を通過して練り上げてきた精気を今度は、玄関《げんかん》に於て「武火《ぶんか》」つまり強火《つよび》でもって「烹《に》る」ことによって不老《ふろう》長寿《ちょうじゅ》の薬、金丹舎利《きんたんしゃり》が出来上がるという訳です。

これが俗《ぞく》にいわれる道教の仙丹《せんたん》、不老長寿《ふろうちょうじゅ》の薬の製造方法です。

つまり理天極楽は純粋無垢《じゅんすいむく》、純陽《じゅんよう》の世界で汚《けが》れが無く、不老不死《ふろうふし》、不生不死《ふしょうふし》、超生了《ちょうせいりょう》死の世界ですから、『得道』を授かった男女が理天極楽に住む為には、自らの霊を守玄を以て修道して汚れを磨き、そして理天極楽に住まう資格を得なくてはなりません。

その為にも老中様が降ろされた妙法《みょうほう》『得道《とくどう》』を授《さず》かった限りは、玄関を堅固《けんご》に守り精神を統一すべきです。

「九たび道を伝《つた》えて男女《なんにょ》に週天全功《しゅうてんぜんこう》を点《ひら》く」とは、

九《く》たび道を伝えて、男女の身体を法輪の効果を以て清浄にする道を「点く」という意味ですが、また人身に於ての霊の正門・玄関の奥に居る霊なる心は性《たましい》であり、理《みち》であり、天《てん》であり、純陽《じゅんよう》であるから法輪《ほうりん》を転《てん》ずることにより天の道が「点く」ことによって天の命《めい》と人身の性《たましい》とが合一《ごういつ》します。

その道を「点《ひら》く」ことを「週天全功《しゅうてんぜんこう》を点《ひら》く」といいます。

「週天全功《しゅうてんぜんこう》を点《ひら》く」ことによって自己が完成し、仏仙神聖《ぶっせんしんせい》の果位《かい》（位《くらい》）が成就《じょうじゅ》されます。

天道は、天と人身の霊とを結び、理天極楽への道を開く妙法《みょうほう》を授けているので『得道』以後の人心は見違える程浄化され、仏仙神聖に近い清浄さを得ることになります。

ただそれを悟ることなくこの世に貪恋《どんれん》して、欲望をたくましくさせると、三悪道《さんあくどう》（地獄《じごく》道《どう》・餓鬼道《がきどう》・畜生道《ちくしょうどう》）に埋没《まいぼつ》して常《とこ》しえに極楽への道を得ることができなくなります。

世の人々が、なぜ宗教に走るのかといえば、その実態はこの世に於ける幸せを求めんが為ですが、一方では、ただ現世利益を求める者も少なくありません。

人々は間違った教えを真摯に受け止め、真の道を見誤っていることを悟ることができないでいます。しかしこれも縁というものでしょうか、いくら口を酸っぱくして真の道を伝えても、縁のない者は振り返ろうとはしません。

縁ある人は、道の話の端《はし》りを聴《き》くだけで心がうずき、そして縁を求めます。

故に大々的に広告を掲《かか》げても、幾らマスコミに訴えても、天道に縁がないとなれば、道に繋《つな》がることはあり得ないのです。

天道に縁を得るその者の霊は、明師《めいし》の一竅《いっきょう》を得《え》れば『一竅《いっきょう》（玄関）開《ひら》けば竅竅開《きょうきょうひら》く』で速《すみ》やかに天性《てんせい》を悟り、先天《せんてん》の仏性《ぶっしょう》に立ち戻ることができる資格《しかく》を有《ゆう》しているにほかなりません。

道の縁を得るのもその人の霊性《れいせい》なれば、道の縁を得ることなく、他の途《みち》に縁をつなぐのも、その人の霊性次第となれば一刻でも早く、その人たちに道の素晴らしさを説《と》いで縁がつなげるように図《はか》ってあげたいと思っています。

全てこの世の人々は、縁によって暮らし、縁によって生涯を過ごしていくので、その生涯の波乱や安全無事は善縁《ぜんえん》や悪縁《あくえん》の妙《みょう》が織《お》りなすことと悟れば、悪縁を切り、善縁を繁栄させる素『得道』を授かって、この世で無事安全を得て暮らすことが必要です。

その為に老中様は幾度も幾度も、体内に法輪を転ずる道を伝えて下さっています。

「十たび道を伝《つた》えて男女《なんにょ》に十月胎生《じゅうがつたいせい》を点《ひら》く」とは、十たび道を伝えて、男女に十カ月目の胎児《たいじ》、つまり体内の気を法輪転《ほうりんてん》じて鍛錬《たんれん》し、そして周天《しゅうてん》の暁《あかつき》には、月日の満ちた胎児《たいじ》のように、汚《けが》れのない聖胎児《せいたいじ》を誕生させる道を「点《ひら》く」という意味です。

つまり本来霊が持つところの如来性《にょらいせい》、本性《ほんせい》を回復させ、これまでの霊が四生六道の絶え間なき輪廻から解脱して、逍遙自在《しょうようじざい》の理天極楽へ救《すく》い帰《かえ》す道を「点く」ということです。男女《なんにょ》の霊が「十月胎生《じゅうがつたいせい》」に立ち戻れば、その時から悪因《あくいん》が解《と》かれ、そして自由自在の身となり、以後善縁《ぜんえん》を積むことが可能となります。

霊の故郷に帰る、その安堵感が見事までに体内に広がり、浮き足だってきます。

しかしそれを悟る者はごく僅《わず》かで、『得道』以後もこれまでと同じような感覚でいて、過ごしている男女が多いのは、これもまたその者の霊性《れいせい》の問題でしょうか。

仏性《ぶっしょう》を芽生えさせる能力、即ち霊を持ちながら、自らの霊の故郷を悟ることもなく日々を暮らす、その哀れさは寂しい限りです。


霊の母・老中《ラウム》を思い返すことなく輪廻を繰り返す子等の哀れさを思うと、老中は何を投げかければ、哀願の思いが拡がりを見せてくれるのでしょうか。

何を語りかければ子等は、霊には霊の親が居て、そして故郷《ふるさと》があることを思い返してくれるのでしょうか。

何を見せれば母《おかあさん》、母《おかあさん》と呼び答えてくれるのでしょうか。

子等にどのような孝《こう》を尽《つ》くせば、喜び勇《いさ》んで母《はは》のもとに駆け寄ってくれるのでしょうか。

子等よ、子等よ、老中はあなたがたの心がつかめなくて、孤独感にさいなまれて、寂《さび》しさに震《ふる》え、哀《あわ》れさに震《ふる》え、ただずむばかりです。

母は待ち続けます。

そしてあなたがたの霊の母が、老中《ラウム》であることを知って、故郷に帰って来ることを切に願っています。

あとがき

『得道』とは、天の命により迎神授法《げいしんじゅほう》と申しまして、森羅万象万物を創造なされました天地創造神・老中《ラウム》様をはじめ諸天神聖《しょてんしんせい》を極楽天より天壇《てんだん》（法船《ほうせん》）へお迎えいたしまして天道の機密《きみつ》の妙法《みょうほう》をもって、私達、霊《たましい》の故郷であります極楽天国・老中様のもとへ済度《さいど》する（霊を救う）ことであります。

儀式《ぎしき》の中におきまして「難に遭えば難から救い、災いに遭えばこれを除き、善に遇えば相助け、事に遇えば相辧《あいつと》む、さらに大劫《だいきょう》（大災難）からお救い下さい」と、極楽天より神様をお迎えする請壇経《しょうだんきょう》の中に唱《とな》えて、庇護《ひご》と厄災《やくさい》の除焉《じょえん》をお願い致しております。

この世の生命ある万物の中で唯一、人間だけが持っている「辛苦」の生きる・老いる・病める・死ぬ、それらの過程に於て、密接に付随して離れないのが憂い・悲しみ・苦しみ・悩み・痛みという苦悩、苦痛です。

人間はこれらの辛苦に悶《もだ》えながら「幸せ」を追い求めるのですが、何せこの世はお釈迦様が言われた「苦海《くかい》」でありますから、逃れようとしても逃れられぬ因果応報《いんがおうほう》という切っても切れぬ因縁を幾重も絡《から》めていて、今では災禍を招かぬほうが不思議な状態にあります。

不滅の霊は、死後、四生六道に輪廻転生するのですが、その道へは、生前にやってきた様々な善悪に値する賞罰によって、六つの道のいずれかに配属されて「苦か楽」の修養に入る訳です。いずれにせよ、人間道を含めた四生六道の輪廻転生の苦の世界がある限り、永遠の『幸せ』はあり得ません。

輪廻転生の苦の世界がある以上は、苦に対する楽の世界があって当然ですから、それには逃れる為の『道』つまり方法が必ずあるはずです。

つまり、行く道来る道がある以上、帰る道があるということです。

その帰る道を妙法によって授かることを『得道』と称します。

一般の宗教界でいわれる「とくど」とは髪を剃《そ》り、僧となって一定の戒律《かいりつ》生活に入ることをいい「得度」と書きます。つまり「得度」した宗派に帰依《きえ》することですが、苦海輪廻《くかいりんね》の法輪《ほうりん》から離脱することはできません。

私達の文明文化は先へ先へと発展進歩を遂げていますが、果たしてこの先幾百年、幾千年経てば、私達が心おきなく安心して過ごせる平和な世界が構築《こうちく》されるのでしょうか。

決してその確約もなければ、予測もありません。

ただ生死輪廻を続けて待ち続ける以外『道』はないのでしょうか。先に平穏無事な世がなければ、これ以上進むことよりも『一』から出直すという道を選ぶことを真剣に考えていただきたいと思うのです。

そのようなことで、一人でも多くの方々に『天道』を理解していただく為に本書を刊行致しましたが、理解しがたいという返事が返ってくるだろうと予測しています。

しかし著者から言わせてもらえば、今、世間に氾濫《はんらん》している予言書や導き書に対してはどうお思いでしょうか。結構興味を抱いてお読みではないでしょうか。

それらは今の文明に浸《ひた》っている人にとって、興味を抱かせることや安易に望みが叶うように書かれていたり、また雲をつかむような異次元からの話が多いように見受けられます。

それは無責任、虚業《きょぎょう》、偽りと言っていいものばかりです。

『天道』を語る本書は、真実を！　真理を！　皆様の身近なものに感じていただくために、神は、その悟りを、自然の中に、漢字に、ひらがなに、数字に、託しているという事実を知っていただく為に刊行しました。

本書を読んで理解しがたいとか、疑わしい、とお思いの場合、どうか今一度お読みいただくか、「天道の三宝『正法《しょうほう》』」を授けていただける天壇に足を運び、おたずね下さい。きっと、この本書以上に分かりやすく理解していただけるはずです。

天道は「因縁」を重視致していますから、何事も一切強制は致しません。とりわけ、この世で一番因縁を積むのは「金銭」ですが、その金銭に関しまして『天道』では、このように理解致しております。

即ち私達は、神とする太陽に、神とする大地に、慈《いつく》しまれながら今日まで一生懸命生きてきましたが、これまでの人生に於て、神とする太陽に、神とする大地に、感謝こそすれ、その代償を、人類の誰一人として支払った者はこの世には居りません。神は慈《いつく》しみこそすれ、その代償を決して求めることはしないのです。

金銀財宝は人間世界にあってこそ宝かもしれませんが、それらはまた想像もつかない因縁因果を生み続けている「もの」なのです。「天道の三宝『正法』」は因縁を解脱して極楽浄土を果たす法ですから、因縁を積む恐れのある金銭は当然望みません。

しかし神はその人の善意《ぜんい》を受け、その金銭を以て天壇《てんだん》を維持し、そしてその善意はその者の「功徳」として得道者に戻してあげなさいと言われ「功徳費《くどくひ》」と名づけられました。

その「功徳費」については次の通りです。

私達は修養の浅い身で有りながら、幸いにもよき縁、善い時機に恵まれて、幸せを得る法「天道の三宝《さんぽう》『正法《しょうほう》』」を受ける幸運を得ます。

「天道の三宝『正法』」を授かるに際し、真心の表明として「功徳費」と申しましてお志を、この度に限り納めていただくことになっております。

金銭の多少は問いません。

尚この功徳費は天道普伝《てんどうふでん》の為の諸費用に使用させて頂き、その功徳は徳としてお返し致します。


ということで以後一切、金銭に関しての負担はありません。

以上のこと、固く誓約して本書を終了させていただきます。

首印

天道《てんどう》・幸慈会《こうじかい》
神戸市東灘区岡本一丁目三番地十七号
パッセージ岡本四階　☎・FAX　078-412-8987
高山《たかやま》　京三《けいぞう》

著者プロフィール
高山　京三（たかやま　けいぞう）

幸せを慈しむ会『天道・幸慈会』主宰
旺陽流推命学塾・佑命舎　正師範
理数易・宗家
推命学塾・佑命塾主宰

著書　「人生をひらく秘密の宝もの」（たま出版）
　　　「人から神へ　悟りの道」（たま出版）

悪い因縁を切る 幸せの素

2006年6月12日　初版第1刷発行

著　者　高山 京三
発行者　韮澤 潤一郎
発行所　株式会社 たま出版
〒160-0004　東京都新宿区四谷4－28－20
☎03-5369-3051（代表）
http://tamabook.com
振替　00130-5-94804

印刷所　神谷印刷株式会社

ISBN4-8127-0212-7 C0011